图解 **精益制造** *049*

工业4.0之数字化车间

製造現場のデジタル化

日本日经制造编辑部 著

石露 杨文 译

人民东方出版传媒
People's Oriental Publishing & Media
东方出版社
The Oriental Press

图字：01-2016-1264 号

本文中文简体字版权由汉和国际（香港）有限公司代理
中文简体字版专有权属东方出版社所有

图书在版编目（CIP）数据

工业 4.0 之数字化车间 / 日本日经制造编辑部 著；石露，杨文 译 .
—北京：东方出版社，2018.3
（精益制造；049）
ISBN 978-7-5060-9958-5

Ⅰ.①工…　Ⅱ.①日…　②石…　③杨…　Ⅲ.①数字技术—应用—制造工业—
车间管理—研究—德国　Ⅳ.① F451.664

中国版本图书馆 CIP 数据核字（2017）第 284270 号

精益制造 049：工业 4.0 之数字化车间
（ JINGYI ZHIZAO 049：GONGYE 4.0 ZHI SHUZIHUA CHEJIAN ）

作　　　者：日本日经制造编辑部
译　　　者：石　露　杨　文
责任编辑：崔雁行　吕媛媛　高深情
出　　　版：东方出版社
发　　　行：人民东方出版传媒有限公司
地　　　址：北京市东城区东四十条 113 号
邮　　　编：100007
印　　　刷：北京京都六环印刷厂
版　　　次：2018 年 3 月第 1 版
印　　　次：2018 年 3 月第 1 次印刷
开　　　本：880 毫米 ×1230 毫米　1/32
印　　　张：7.875
字　　　数：170 千字
书　　　号：ISBN 978-7-5060-9958-5
定　　　价：58.00 元
发行电话：（010）85924663　85924644　85924641

版权所有，违者必究
如有印装质量问题，我社负责调换，请拨打电话：（010）85924602 85924603

目　录

日本制造商将产品引回国内生产，追求的是高附加价值（V:Value）和超短交货期（S:Speed）。尽管制造业领域常常提及 QCD（质量、成本、交货期），但仅靠质量稳定（Q）和遵守交货期（D）是不够的。更为出众的便利性（V）和交货速度（S）让"日本制造"有了更重要的意义。

随着海外生产能力的扩大，汽车制造商强烈要求供应商在距离汽车工厂较近的海外网点生产、供应零件。理由有三个：其一，出现异常情况时，可在尽可能短的时间内解决问题；其二，与从国外进口零件相比，没有关税或者关税不高；其三，易于减少库存量。

第3章　**聚焦数字化车间：信息管理与机器运转 //080**

工厂导入的所有机器（物件）均运用了与互联网相连的"物联网"（Internet of Things，简称 IOT）技术，从而使高度复杂的工作也能由设备本身自主执行，或者给予操作负责人更进一步的帮助。在没有熟练技术人员的情况下也能应对，这一点也非常重要。

第4章　**把握新商机：将"款待制造"做到极致 // 084**

对于制造商而言，只提供机械（物件）是不行的。当今时代，必须借着提供机械的机会，提早发现客户真正需要做的事并实现它。而能否将这样的"款待制造"做到极致，将在很大程度上左右今后的企业竞争力。

第二部分
魅力工厂的进化型组织架构

第三部分
超强工厂的运转模式

当生产量发生巨大变动时，需要对人员进行重新分配，随之而来的对人员的再教育也需要花费时间，这是一个重要的课题。若将单元式生产机器人化，在解决这一课题的基础上，也有望通过自动化实现生产品质的稳定和生产效率的提高。

作为日本国内最新的成车工厂，本田公司琦玉制作所的寄居工厂每天生产新型"飞度"1050辆，生产间隔时间低于50秒。寄居工厂今后的目标，是在生产数量增加的同时，缩短生产间隔时间。

丘比公司新建的低脂蛋黄酱厂房顺应了日益增长的市场需求。因为建厂房，丘比没有足够的资金对生产设备进行投资，运转的大多是旧设备。在使用旧设备的同时，如何严把卫生管理关口、提高生产率，都是低脂蛋黄酱厂房面临的课题。

此前，理光在客户那里运行的复合机的数据，主要在提高客户的便利性以及提高客户公司的保修业务的效率方面起到了很大的促进作用。为乘胜追击，理光在产品的策划和设计、零部件的库存管理等方面也开始应用大数据。

第四部分
进击的数字化车间

　　　　通过获取并分析安装在设备上的诸多传感器传出来的大量数据，就能够在实现先进的自动化的同时，彻底削减生产活动中产生的浪费。也就是说，应用大数据的日本工厂正在不断增加，它们正在实施着毫不逊色于美国"Industrial Internet"以及德国"Industry 4.0"的新举措。

　　　　有效利用被人们忽视掉的"大数据"，如机器的运转情况和生产现场的作业记录等，成为制造业日趋上涨的新动向。尤其活跃的，是运用能在问题发生之前提高质量和生产效率，提供及早预防出现问题的服务等的"进击的大数据"。

第一部分

制造业高手的全局观

第 1 章
回归国内：瞄准海外无法实现的价值、速度与成本

超越 QCD

▶ 瞄准海外不可能实现的特殊"价值"与"速度"

日本普利司通（BRIDGESTONE）公司的北九州工厂是日本国内工厂实力不断增强的典范。继 2012 年下半年开始的第二次实力增长后，普利司通又拟定了第三次实力增长计划，向全世界出口建筑、矿山车辆专用的大型轮胎。

日本大隈（OKUMA）重新开发了总部工厂，生产能力得到增强，并于 2013 年 4 月开始启用新厂房。利优比（RYOBI）公司建设的模具制造新工厂也于 2013 年 4 月开始运作。

在持续低价化的计算机领域，日本惠普公司（日本 HP）也已从 2011 年 8 月起，将在中国生产的面向日本国内市场的笔记本电脑转移到了日本昭岛工厂（东京都昭岛市）进行生产。电脑上的"MADE IN TOKYO"标签熠熠生辉。

这些厂家为什么要在日本国内制造产品？以日元升值为代表的"六重苦难"不是日本国内生产的障碍吗？计算机属于典型的"组装型"产品，不是已经公认应该在国外生产了吗？

卓越的价值和速度

日本制造商将产品引回国内生产，追求的是高附加价值（V:Value）和超短交货期（S:Speed）。尽管制造业领域常常提及QCD（质量、成本、交货期），但仅靠质量稳定（Q）和遵守交货期（D）是不够的。更为出众的便利性（V）和交货速度（S）让"日本制造"有了更重要的意义。

以前，日本的制造商通过全面提升QCD获得了成功。然而，2000年前后，出于新兴国家的厂商开始崭露头角、日本国内人力成本相对提高等原因，除部分日本企业外，多数的日本制造商失去了成本上的竞争力（参照第41页的丰田汽车案例）。

此外，还有产品质量上的差异。新兴国家的制造商提高了产品的质量，迅速赶超上来。日本制造商开始尝到失败的苦果。

超薄电视机之争就是其中的一个典型案例。日本制造商对自家产品的图像质量是很有信心的。然而，新兴国家制造商提高了自己生产的超薄电视机的画质，并达到了一定的水准。消费者如果不细看是看不出画质差别的，所以一般都会选择价格相对便宜的产品。这也是日本超薄电视机制造商陷入困境的重要原因之一。

对于今后的日本制造商而言，重要的不是盲目地丰富产品功能，而是如何提高产品的价值。必须在了解客户对价值的认可度的基础上，有针对性地加以提高，必要时衍生出新的价值。以组装型计算机为例，"与电视机不同，客户希望有更多新的用法，并能提供多种价值。"富士通个人业务部生产经理兼供应链统括部部长内藤真彦说道。提高价值的余地仍然很大。当然，可提高价值的领域不计其数，并不仅限于计算机。

需求的是日本国内的"人"

日本工厂必须追求"速度"和"价值"。特别是针对日本国内的客户，速度占有压倒性的优势。如果客户需求的产品相同，可以大批量生产并持有库存。而从每位客户的需求不同这一点来看，只有日本国内的工厂能同时做到既让客户满意又按时交货的高层次要求。实际上，这一点也被国外认可，很多客户会特意从日本带回产品或配件。

此外，只有设计部门和生产部门密切合作，才能提高产品的价值。以索尼在日本长野的技术网站为例，其计算机产业的策划、设计、生产、质量保证等所有部门都集中在一起。要想实现新的价值，不仅需要设计方面的专业知识，还需要能顺利实现实物化的新生产技术及技能。闲置日本工厂的技术人才，反而向外寻求可发挥高水准的人才是不合理的。

例如，很多中国工厂的操作人员只进行简单的作业。由于员工稳定性差，所以很难培养出拥有多项技能的人才（以下简称"多能工"），这样的工厂很难完成可提高产品价值的高度作业。而与此形成鲜明对比的是日本普利司通公司的北九州工厂，轮胎成型工序的关键就在于熟练工的手工作业。

单凭自动化只能缓解人力成本上升的压力，却无法解决日元升值的问题。全自动化生产线适用于世界的任何地方，本来就与汇率的变动无关。日本国内生产的关键在于拥有高度自动化生产线所需要的多能工。而与其在国外培养多能工，不如在日本国内培养更方便。

中国比亚迪汽车（BYD）公司的工作人员（中国人）说："随着市场上销售的设备及软件的发展，谁都能轻松制造出产品。但是，日本制造工厂所具备的优秀现场能力是无法模仿的。"要想实现满足客户要求的高附加价值与速度，最重要的就是拥有以多能工为代表的日本国内的人才资源。

日本计算机制造商"返乡"

▶ 回应客户的深层需求和超短交货期的要求

高附加价值与速度——许多计算机制造商在日本国内实现了这个"V"和"S"的目标（图1-1）。

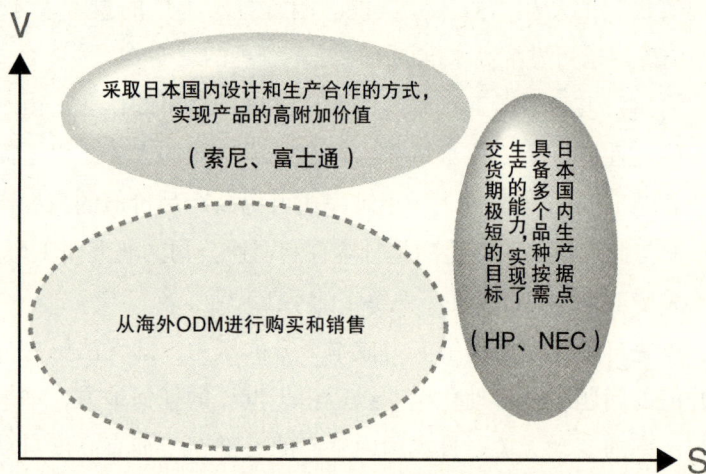

图 1-1　追求高附加价值（V）及速度（S）的日本国内制造商

以追求标准化、低价格产品的客户为对象，在日本国内生产其所需要的产品。

　　日本国内追求高附加价值最具代表性的制造商是索尼和富士通。索尼主要面向个人客户，富士通主要面向法人客户，而两家公司都注重"提供自家独有的价值"。日本国内的生产现场及其与设计部门的密切协作成为实现该目标的原动力。

　　追求速度的制造商代表是日本惠普公司和 NEC 集团。它们在日本国内工厂经历过磨砺，实力雄厚，在制造多种规格产品的同时，进一步树立了缩短交货期的目标。

▶ 设计与生产携手追求"V（价值）"

　　一般来说，对于计算机，许多客户更倾向于购买价格便宜的产品，而不是追求更高的功能及性能。针对这样的客户，更适宜提供在日本国外生产的较国内生产价格偏低的计算机。实际上，无论是索尼还是富士通，都有很多这样的机型。可是，也有一定数量的客户不单纯追求低价机，针对这样的客户应提供在日本国内生产的产品。

在笔记本电脑中搭载台式机专用 CPU

　　索尼的长野技术网站（位于日本长野县安云野市）针对工作中能"深度应用"计算机的客户，生产出提高了功能及性能的最高级机型"VAIO Z"（图 1-2）。目标客户是那些在移动的交通工具中，需要抓紧时间处理堆积成山的邮件或文稿资料的人（这类人一般被称作"行政商务人员"）。"这款机器能立即启动计算机本身和应用程序，具备同时处理邮件和资料的性能"（索尼 VAIO&Mobile 事业总部 PC 事业部一部部长林薰）。

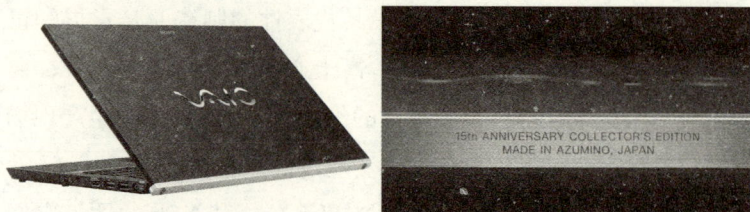

图 1-2 索尼在日本国内生产的"VAIO"的最高级机型"VAIO Z"
面向高端商务人士设计，由长野技术网站（位于日本长野县安云野市）制造的产品。在 VAIO 15 周年纪念版机器上，加上了"AZUMINO"的文字（图右）。

该笔记本电脑搭载了台式计算机专用的高性能处理器。和通常使用的笔记本电脑专用的处理器相比，该处理器驱动电压高、发热量大，需要采取有效的措施进行散热，可即便如此，仍被认为是必要的。最高级的机型的判断基准不是配备高级处理器，而是"提供给客户的内容"。

在产品设计上，需要将采用的先进技术和对客户的价值明确区分开来。例如，在无线 LAN 普及的当今社会，很多计算机机型为节约成本，都不再配备连接网线用的接口端子，而"VAIO Z"却将其保留了下来。因为主机身很薄，实际装配接口端子有一定的难度，即使这样也要安装是因为"客户会到不同国家、不同地域出差，住宿的地方不一定都会有无线 LAN"（林薰）。

早期探讨产品的质量和生产问题

网线用接口端子附有可开合式的盖子，打开后可插拔网线插头。起初，这种结构受到了质量保证部门的强烈反对。因为以前曾经出现过因某机型接口端子盖损坏无法使用而受到投诉的案例。

当设计部门与其他部门的想法背道而驰的时候，部门之间物理距离近就发挥了重要的作用。和 VAIO 有关的策划、设计、质量保证及生产等所有部门都集中到了一处。经探讨，如果设计方案合理，其他部门就会朝着实现产品方案的方向努力。

关于 LAN 接口端子盖讨论的结果，最后得出了"即使摘掉，也可以照原来的样子安装回去"的结论（图 1-3）。"正常使用时，盖子不受影响。如果强加外力，也可以拔掉盖子。这样的构造，如果不进行探讨是无法实现的"（林薰）。像"VAIO Z"这样的机型，空间狭小，零件和单元构件已经尽可能地利用了所有空间。如果到了试验样品阶段再想加入新的构件，就已经没有空间可用了。如果勉强挪动周围的零件或单元构件，甚至会出现故障，造成无法收拾的局面。

接口端子盖(使用时)

接口端子盖(摘掉时)

图 1-3 "VAIO" 的 LAN 接口端子盖
即使强行使力，也可将其拔出，不会损坏盖子（图右）。在构想方案设计阶段，就由设计、质量保证和制造等部门一起提出了解决的办法。

同样，生产技术部门也遇到过类似的问题。为了最大限度地利用空间，有时甚至会出现斜着拧紧螺丝的情况。生产部门在设计专用的模具后，顺利让操作人员以较少的负担拧紧了螺丝（图 1-4）。

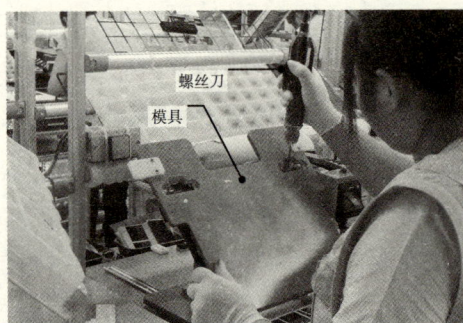

图 1-4　斜着拧紧螺丝
生产部门设计了减少操作人员负担的模具（褐色的板材）。

面向法人的专用设计

富士通在岛根富士通（总部位于日本岛根县出云市）生产附加价值高的笔记本型电脑及平板电脑①。面向个人的计算机自不必说，单是面向日本国内的法人客户，富士通就占了很高的市场份额。此外，富士通还发挥自身优势，开发可以满足企业需求的特定机型，致力于产品的生产。对法人客户来说，富士通提供了市面上销售的产品所不具备的功能，具有非常高的产品价值。

第一生命保险营业负责人"终身设计者"（约4万人）自2012年8月开始使用的平板电脑型计算机"DL Pad"（图1-5）②就是其中的一个代表案例。营业负责人可在任何地方提供咨询

---

① 面向日本国内法人的台式机由富士通 ISOTEC（总部位于日本福岛县伊达市）生产，以短时期内向客户供应满足客户特定需求的产品为主要目的。

② 第一生命保险是经营强化活动"新生涯设计"（以和客户间加强联系为核心）的基础系统。

服务，办理包括预付款在内的手续，并且能够利用网络向客户提供信息等业务。因为经手处理客户的个人信息，所以这款计算机配备了丢失时可远程删除数据的功能[①]。在事务所中，还可连接上键盘和鼠标，当作台式机使用。

图 1-5　富士通为第一生命保险开发的"DL Pad"

（a）方便营业负责人对客户进行说明所使用的平板电脑。（b）在事务所中，可像台式机一样使用。因为其中包含了费用和个人信息等内容，需要该机器具有高度的安全防范措施。而市面上销售的计算机很难实现这些特定的需求。

如果要在市面上销售的平板电脑上实现这些功能，必须添加许多程序。既要采取防止结算业务及个人信息泄露、防止病毒感染的安全措施，又要保持产品的便利性，这些都是普通机型很难达到的要求。

富士通接受客户的委托，从零开始设计满足客户要求的产品。"尽管有现有技术的基础，还是要从事主板设计"（内藤真彦）。

---

　　① 准确来说，是将 DL Pad 内的数据加密，通过删除恢复数据用的密钥，使得数据无法恢复。

纵深挖掘计算机的附加价值

从事主板设计的理由之一是该板由内部制造而成。在岛根富士通中，已实现了"100%自动化生产"（内藤真彦）。日本国外的ODM（Original Design Manufacture，一家厂商根据另一家厂商的规格和要求设计及生产）人工组装大的部件，该体制下如果要制造部分具有特别构造的产品，发生错误的机率会很大。

这些特别订购的计算机，"如果委托日本国外的制造商制造，对客户而言是很麻烦的事情"（内藤真彦）。而对于日本国外的制造商来说，不但生产台数达不到可获得一定利润的数量，技术开发上的障碍也很大。但"从'想用来做这项工作''希望再简单些'等客户需求的角度来看，计算机的附加价值不仅范围广，而且深度大，我们想在这点上取胜"（内藤真彦）。

从生产成本的层面上来看，如果总是输给中国就太不像话了。典型的ODM需要100人以上进行操作，而岛根富士通正努力将自己生产线上的人数控制在20人以内（图1-6）。

图1-6 岛根富士通的生产线
与日本国外的ODM相比，日本生产线上操作人员的人数仅在其五分之一以下。

▶ **通过种类、数量变化以及新型生产线，追求"S（速度）"**

仅从日本计算机制造商的生产层面，就可以看到日本工厂实力日益增强的趋势。日本惠普公司就是颇具代表性的厂家。

针对日本市场，日本惠普公司于 2011 年 8 月开始在日本东京都昭岛市的昭岛工厂生产面向法人客户的笔记本电脑，并于同年 11 月开始生产面向个人的笔记本电脑，从依赖中国的 ODM 生产回归到了日本生产（图 1-7）。

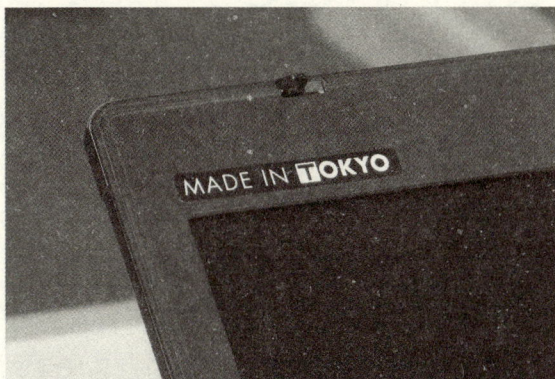

图 1-7　笔记本电脑上贴着的"MADE IN TOKYO"的标识
日本惠普公司在东京都昭岛组装的工厂标识。该公司将面向法人的笔记本电脑和面向个人的笔记本电脑从中国的 ODM 企业转移到日本的昭岛工厂生产。

中国的人力成本费用正在急速增长，但即使是人力成本费用相对较高的中国沿海地区的工厂，其人力成本费用也不过是"日本的 1/5~1/4"（日本惠普公司昭岛工厂厂长清水直行）。所以，从大批量生产相同产品的条件来看，日本工厂是无法与中国工厂竞争的。在这一形势下，回归日本的日本惠普公司不能脱离"通过让客户选择方案来提高产品价值，并尽可能快地将产品送到客户手中"的商务模式。

客户选择的方案多种多样。所以，必须以品种和数量不定为前提，接受订单进行生产。想要快速将产品发货给客户，必须确保在物理距离上和客户离得较近。也就是说，日本惠普公司是为了满足实现该商务模式不可或缺的"品种数量不定"和"速度"两个条件，才将生产由国外转移回了日本本土 ①。

应对"变种变量生产"

日本惠普公司的昭岛工厂不仅生产笔记本电脑，还生产台式计算机和工作站计算机。客户从多种机型中对 CPU、OS、内存、HDD、光驱、软件等方面进行选择。理论上有 2 万 ~7000 万种组合，并且时常出于大批量订单等原因，生产量的变化也很大。"即便如此，也必须在 5 个工作日（包含订货日期）的限期内交货。"日本惠普公司的工作人员介绍说。

同样，针对日本国内客户，NEC 个人计算机公司（以下简称 NEC PC，总部位于日本东京）在日本山形县米泽工厂，生产法人及个人客户订购的笔记本电脑及台式计算机，最短在 3 个工作日内即可将产品交给客户。

这样的生产速度，中国的工厂是无法达到的。光是运输路途太远这一条就不可能实现在 3~5 个工作日内交货的目标。船运需要花费两周左右的时间。尽管航空运输更快一些，但运送成本太高，产品的价格也会相应提高。

很难在 NEC PC 的中国工厂中见到变种变量生产，生产线概

---

① 日本惠普公司之所以选择在东京都生产计算机，是因为其客户近七成都集中在首都圈。

念几乎完全不同。NEC PC 要求在生产周期的一半时间内，从理论上超过 2000 万种的产品组合中，分别制造出 2 万种产品。为此，NEC PC 构建了专门应对产品种类数量变化的生产线。

与此相反，中国的 ODM 基本上采用了适用于产品种类少而生产数量大的生产线。在又长又大的传送带上，随着半成品的移动，由排列在传送带两端的众多操作人员将产品组装在一起。操作作业彻底细化，每个作业人员重复单一的动作，即使是初学者也可以独自完成操作。因此，生产线超过 100 米，作业人员人数超过 100 人的情况都很常见。

成本上也不输中国的工厂

上述的生产线如果要执行变种变量的生产任务，不仅作业人员的工作会出现变动，而且零件的供给也很难实现，会使生产效率及产品质量合格率降低。NEC PC 生产事业部（制造改革）经理须田修认为"变种变量生产会让中国工厂的成本变高"。

日本惠普公司不仅在产品规格的选择上积极应对，在面向客户企业的定制服务上也同样采取了积极的措施。原本由客户自己进行的操作，如设定连接企业内网络的参数、安装特定的应用软件、贴上资产管理标签等均由日本惠普公司代劳。正因为工厂和客户的物理距离近，日语沟通方便，才能实现如此细化的服务。

这种细化的服务不仅提高了产品的价值，也增加了产品的销量。从这点上来看，不仅是生产环节，如果将运输及库存等所有成本折合到一起计算，"日本国内生产成本比在中国生产还便宜"（须田修）。如今，NEC PC 的台式计算机的日本国产机成本比中国便宜了 15%。

综上所述，两大公司都证明了一个道理：日本国内生产的成本竞争力绝不亚于海外。

单元式生产与生产线生产相结合

为了灵活应对产品生产种类和数量的变化，尽可能快地制造出产品，日本惠普公司和 NEC PC 设计出了概念基本相同的生产线并投入运营。将单元式生产和生产线生产各自的优点结合，这种生产方式被称作"混流生产"。

由一位作业人员对产品进行组装被称作单元式生产，可有效地应对产品种类及数量的变化。可是，生产量一增加，单元的数量也必须随之增加。对生产计算机来说，生产数量变动过大是一件很棘手的难题。

例如，NEC PC 每年会更改 3~4 次机器模型样本，实际销售多出现在周末或节假日，一天的生产量在 200~7000 台。要想利用单元式生产方式跟上这一生产节奏，就必须有宽阔的空间和足够的工具。更重要的是必须配备可应对多个品种独立一人完成任务的高水平多能工，但就目前的实际状况来看，这一点是无法实现的。

对此，两大公司在发挥单元式生产的高效率优势的同时，还引入了生产线生产"一个流"的优点。生产线生产需要多名作业人员的弱点由单元式生产的多能工弥补。具体做法是构建 8 米以下的短生产线，配备多名多能工，实现高效的混流生产。

分工作业与专门作业

在具体的生产线构成上，两家公司的组装方法略有不同。日本惠普公司虽然以单元式生产为基础进行生产，却采用了分工作业的方式。也就是说，作业人员所负责的零件是固定的。

具体组装方法如下。首先是分配零件的工序。为每台计算机准备两个托盘，装盛所需要的零件。零件有从专门厂家购买的 HDD、键盘、CPU、内存条、光驱及液晶显示屏等，还有从中国的 ODM 购买的基础单元模块（搭载了插件板）。

零件上附有条形码，可使用条形码机确认是否为正确的零件。不正确时，条形码机会显示信息错误。接下来的组装工序也采用了相同的检查方法。

组装工序中，在长 6 米的生产线上，根据产品及生产数量，配备 7~10 名作业人员。各作业人员将各自分配到的零件安装在基础组件上（图 1-8）。例如，负责键盘的作业人员尽管只负责

图 1-8　日本惠普公司的笔记本电脑组装线
　　可实现高效混流生产的混合生产线。生产线长度仅为 6 米，配备 7~10 名作业人员。人数可根据产品及生产数量进行调整。各操作人员负责组装的零件已确定好，从而减轻了各作业人员的工作负荷。零件在组装工序之前的分配工序中已被准备好，分别装在两个托盘中。这样，组装线上的作业人员不必再根据机型分拣出零件。组装工序的作业人员从两个托盘中取出负责的零件，安装到基础组件上。并且，各作业人员必须负责组装所有机型上的该零件。

组装键盘，但要负责组装所有机型的键盘。也就是说，将单元式生产中一个人的工作分配给 7~10 个人分开做，并且，各人要负责安装所有机型的相应零件，这充分发挥了单元式生产效率高的优势。

NEC PC 的长 8 米的生产线上，根据生产数量和技术水平配备了 1~6 名作业人员，但通常会安排 3~4 人。

比日本惠普公司配备的作业人员少是因为台式机与笔记本型计算机是分开生产的，而且基本上由一位作业人员负责所有机型的生产作业。配备 3 名作业人员时，按照组装、检查、包装的流程各尽其职（图 1-9）。

当然，负责组装的工作人员必须具有很高的技术水平。在培养这类人才的同时，NEC PC 还引进了尽量减轻工作量的设备。

图 1-9　NEC PC 的笔记本型电脑生产线

可实现高效混流生产的混合生产线。生产线长度仅为 8 米，配备 3~4 名作业人员。人数根据生产数量及技术水平可在 1~6 名范围内进行调整。照片中的生产线上，由左向右分别为负责组装、检查、包装的工作人员。因此，负责组装的作业人员必须一个人组装所有机型的笔记本电脑。即三名作业人员必须都具备独立组装的高技能。为此，负责检查的作业人员也可帮助位于左边的负责组装的工作人员进行作业。

例如 IC 标识及电子技术手册。

组装工序安装了天线，IC 标识一靠近，就会在显示屏上显示出生产指导内容（图 1-10）。作业人员可边看屏幕，边从面前的架子上拿到正确的零件。组装产品更改时，显示屏上会出现注意提示。尽管引进 IC 标识的成本很高，却可以省略读取条形码的操作（组装每台计算机需要读取 10 次左右条形码）。从这点来看，IC 标识能够有效提高生产效率。

图 1-10　减轻作业人员工作负担的设备
　IC 标识内存有生产指导信息，一旦靠近天线，显示屏上会导入可显示出生产指导内容的电子手册。即使在某个机型上忘记要组装的零件，也可根据画面选择正确的零件。组装时需要注意的事项也会在画面上清晰地显现出来。

不能将生产部门从国内转移出去

如此看来，在日本国内生产计算机，有两个方面的必然性。其一，拥有优秀的生产部门。其二，设计部门能够根据该生产部门最大限度地发挥设计部门的实力。

优秀的生产部门有足够的现场经验，而这种经验是无法从国外轻易获得的。例如，以中国为代表，在作业人员流动性大的地区，作业人员还没学到专业知识就离职了，难以培养多能工、无法储备专业知识的现象时有发生。

现场经验、知识储备关系到设计部门以合理的成本拟出设计方案的能力。对于设计部门来说，毗邻优秀的生产部门极为有利，必然会选择在日本国内进行项目设计。

重要的是这样生产出来的产品的实际销售业绩。无论是索尼还是富士通，包括接下来在一线精选案例分析中介绍的多种高附加价值产品的制造商都普遍承认"只要客户认可产品独有的价值，即使价格在某种程度上偏高，仍会有客户购买"。在对客户可能使用的方法进行详细的探讨后确定最佳方案，再利用现场储备的经验与专业知识对该方案加以实施。对于日本制造商而言，如此利好的循环，只有在日本国内生产才可能实现。

一线精选案例分析

▶ 普利司通轮胎——追求 V（价值）
　向世界出售鲜有对手能抗衡的高额产品
　十年孕育的技术开花结果

出口率 100%，所有产品均在日本制造，并且畅销全球！该产品就是搭载在建筑、矿山车辆上的专用超大型轮胎（图 1-11），其以露天发掘地下资源的现场施工客户为销售对象，经日本的港口销往世界各地。

图 1-11　世界最大级别超大型轮胎
　　图中所展示的轮胎轴径为 63 英寸（约 1.6 米）。直径 4 米，重量 5 吨。普利司通（BRIDGESTONE）在日本国内生产，产品全部出口。位于北九州的工厂生产轴径为 49~63 英寸（约 1.2 米~1.6 米）的超大型轮胎。

　　该轮胎由日本普利司通（BRIDGESTONE）的北九州和下关两家工厂生产。其中，北九州工厂的发展势头更为强劲（图 1-12）。该公司时隔 33 年再次在日本本土建厂，并于 2009 年开始运营。受全球活跃的地下资源开发风潮的影响，两家工厂开始

图 1-12　北九州工厂的检查工序
　　X 线检查和超声波探伤等程序全部实现自动化，外观检查由作业人员实施。

运营后实施了增强实力的举措，并在第二次增强实力的过程中拟定了第三次增强计划。生产量由当初的 30 吨 / 日增加到 80 吨 / 日 ①，并于 2014 年增长至 165 吨 / 日，超过了当初的 5 倍。即使在全球爆发金融危机的情况下，普利司通也丝毫不受影响，实现了生产量的持续增长。

几乎由两家公司独占了全球市场份额

超大型轮胎是高附加价值产品，一个轮胎的价格高达数百万日元。而且，不光是产品尺寸，连胎面花纹②或橡胶材质都有可能出现需要根据客户需求进行更改的情况，要在客户订购后进行生产（订货生产）。

属于高额产品，在日本国内采取订货生产。对于日本制造商来说，实现理想制造的最重要的条件就是竞争企业很少。实际上，普利司通和法国米其林（Michelin）公司已将全球超大型轮胎的市场份额一分为二③。

是什么原因令竞争企业很少呢？最突出的原因在于专业技术的累积量，因为要加入该行业的门槛极高。普利司通在该领域通过十年坚持不懈的努力，终于打下了现在的北九州工厂坚实的基础。

---

① 该数值指生产轮胎所使用的橡胶（天然橡胶与合成橡胶）的使用量。根据轮胎的大小不同，橡胶的使用量也随之变化。因为难以用轮胎个数表现出该工厂的生产规模，所以一般用橡胶使用量的数值表示生产量。

② 轮胎面指与路面接触的橡胶层。胎面花纹指轮胎面上的沟纹。

③ 普利司通与法国米其林公司分别占据了全球市场的四成。余下的两成指质量仍有问题的制造商，两大公司不追加供给，客户临时购入的状态。普利司通之所以继续扩大规模，就是要将这部分市场全部覆盖。

　　普利司通在 20 世纪 80 年代中期迎来了超大型轮胎的转机。
当时，轮胎的构造从以往的斜交轮胎构造向现在的主流子午线
轮胎构造转型（图 1-13）。被称作胎体帘布层的外胎骨架，由
尼龙制更改为钢制，从轮胎的中心呈放射性配置，用皮带系
住。以往都是斜交排列外胎骨架，以相反的方向用几层带束层
捆紧。

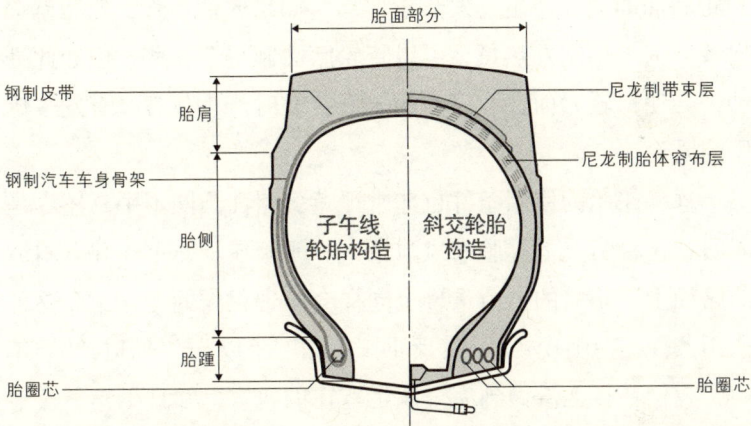

图 1-13　轮胎的构造
　　左半边为径向轮胎构造，右半边为偏压构造。20 世纪 80 年代中期，
普利司通的超大型轮胎构造由偏压构造更改为径向轮胎构造。为构建设计
品质，普利司通不得不投入了更多的人力、物力和财力，增设了大型设
备。由于很多其他公司的退出，这些举措反而提高了进入该领域的门槛。

　　这些都是针对车辆大型化、行车速度提高的趋势所采取的
应对措施。因为储备的知识和技术不足，众多轮胎制造商从超
大型轮胎的竞争中被淘汰。设计品质必须从头开始构建，并且
需要大量投资。尽管如此，当时的市场仍然很小。

不断被投诉的十年

在其他公司退出市场的情况下，普利司通北九州工厂的厂长吉崎聪表示："我们要抓住这个独占市场的机会。"他同时也提出："技术人员经受了严酷的历练。"要想确立设计品质是一件极其困难的事情。

例如，解决发热的问题。轮胎大，并且转数高，外胎骨架和轮胎面的边界产生的发热量增加。如果放任不管，轮胎就会损毁。为了抑制发热量，可以将轮胎面制得薄一些，但如此处理，会使得轮胎面在和锋利的岩石接触时产生龟裂，有发生爆胎的风险。

这种轮胎的使用条件也非常严苛。路面凸凹不平，还尽是岩石，这种情况下爆胎的风险极大。颠簸在承受重压并有斜坡的路面上，轮胎的负荷重量也同样会出现很大的变化。而这种使用条件还会随现场环境的不同产生很大的差异。所以，"十年间，我们一直无法做到完全满足客户的要求，并且不止一次地收到了客户投诉，蒙受了巨大的退货损失"（吉崎聪）。

即便如此，普利司通仍通过坚持不懈的考察，找到了出现问题的原因，向设计部门提出了解决问题的改革方案，最终解决了发热等问题，掌握了可满足全球客户要求的设计品质。换个角度来看，也可以说正是由于这十年积累的专业技术知识，增加了其他公司加入到这一设计层面的难度。

特别订购的设备及人员的实力

普利司通在生产层面上也提高了其他公司加入超大型轮胎生产领域的难度。我们可以从两个方面来看：第一，普利司通开发了自己独有的设备。实际上，"书上是找不到制作轮胎的方法的"（吉崎聪）。必须通过试错运行和适应新的构造方案来构建高质量、高效率的设备。

第二，手工作业很多。实际上，北九州工厂的自动化程度很低。制造大型自动化设备的投资金额庞大，制造成本会成倍增加。为此，从零件到组装轮胎的成形工序，都是由作业人员来完成粘贴轮胎侧面橡胶侧壁及皮带等重要部位的操作。检查工序中，也是凭借作业人员的肉眼对外观进行检查。这就要求作业人员不仅要有过硬的技术，还要有敏锐的触感和判断力。

综上所述，由于市面上没有相应的设备，其他公司无法通过"量产"加入超大型轮胎的生产领域。并且，其他公司也很难培养出能够确保产品品质的熟练技工。而这正是普利司通能在日本国内持续制造超大型轮胎的缘由。

▶ 利优比公司——追求 V（价值）、S（速度）、C（成本）
严防向国外泄露技术知识
实现难加工产品的模具生产自动化

2012 年 7 月，利优比（RYOBI）发布了投资 26 亿日元，在日本广岛县府中市新建模具工厂的公告。该工厂生产的是搭载在模具锁模力为 2000tf（19.6MN）的铸模机器上的、面向大型压铸件的模具。具体来说，有面向汽车的传动箱、油缸、支架类等产品。新工厂开始运作后，利优比的模具生产能力比之前提高了大约 2 倍。

利优比应市场需求，特别是新兴国家对汽车生产的旺盛市场需求，提高了模具的生产能力。在汽车市场，以日本车为代表，多个外资汽车制造商及当地的汽车制造商都增加了汽车的生产量。

这些汽车制造商都迫切希望提高零件的当地购买率，达到降低成本的目的。应客户的要求，很多制造商认为应该在新兴国家建设模具工厂。但利优比尽量避免这样做，原因在于"不能将模具的专业知识技术外泄"（利优比铸模总部广岛工厂厂长陶守修）。

制造其他公司不愿做的模具

利优比制造的是价格比较高的模具。"有很多公司委托我们生产别家公司不愿意做的模具"（陶守修）。客户除了日本的制造商外，还有很多欧美等地的海外厂商。

通常，压铸件厚度均一，为防止制造上的缺陷，一般被设计成简单的形状。而与此对应的铸模用模具也被制造成简单的形状。可是，利优比要制造的却是用于加工形状复杂且尺寸精度高的压铸件的高附加价值模具。正是这种用于制造难度很大的加工品的模具，让其他公司敬而远之。

利优比之所以能生产这种模具，首先，是因为从设计开发的初期阶段，就参与了客户的设计，并据此设计、生产了铸模用模具。然后，利用该模具，自行压铸制造出零件，将其组装，完成压铸件产品（图 1-14）。通常，模具制造商和压铸件制造商是分开的，像这种二者兼具的铸模制造商很少。

利优比在完全掌握客户的设计意图后，参与了从模具设计到产品加工组装的全过程。从浇道、梯度、壁厚、模具分割、冷却方法等各种专业知识中，考虑、兼顾整体效果，最终提炼出了最佳的铸造方案。事实上，由于利优比出产的模具具有独

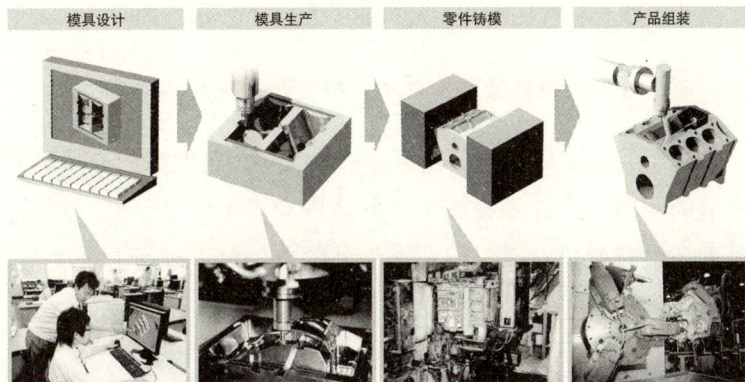

图 1-14　生产高附加价值模具的系列流程

　　首先，按照客户的要求设计、生产模具。然后，使用该模具，利用铸模制造出各零件，并根据需要对零件进行机械加工及表面处理等工作，最后组装成产品。经过如此一系列的制造流程工艺，制造出技术含量高的高附加价值模具产品。

特特点，即使其他铸模制造商使用利优比的模具，也无法顺利加工出相同的产品。

　　这种独特的高附加价值模具，在新兴国家是无法制造的。例如，"在中国，就没有制造商能和本公司竞争。有的客户曾提出过出于确保稳定的供货渠道等原因，打算向两家公司订购产品，但除了我们一家外，却找不到其他能够满足要求的制造商。这也证明了我们的实力"（陶守修）。

　　模具制造的技术知识是利优比利益的源泉。因此，除设计外，生产也被限制在日本本国内，以防止专业知识技术外泄。另外，为了顺应客户能在当地购买模具的需求，利优比积极在海外建设压铸件的加工工厂。例如，利优比计划在中国已有的两家工厂的基础之上再扩大规模，计划在泰国也建设新的工厂。但无论是哪个日本国外的工厂，都只能加工压铸件，不能从事模具的生产。利优比会从广岛向这些海外工厂出口模具。

在不增加人员数量的前提下，将生产量提高至两倍

广岛县的模具新工厂在保持形状复杂、精度高的产品附加价值的同时，还计划提高生产的速度和成本的竞争力。"尽管眼下还没有竞争对手，但要在海外的竞争对手赶超上来之前，先行抓住先机"（利优比铸模总部广岛工厂模具第一科科长法原宏树）。

利优比的经营理念是以原来一半的人数从事模具生产①，以自动化为支柱。加工机械的自动化进程很快，运作效率十分高。接下来的目标是逐步实现搬送工件及转换加工机械的自动化。

为了消除需要作业人员人工应对的完成工序，即完成相应的模具无磨化作业，利优比和机床制造商一起设计新的机床，其中就融合了利优比生产专业技术。最新的机床满足工件工具的用法及温度管理等加工条件，还将 CAD 和 CAM 系统更新以适用于新的机床平台。这不仅有利于提高模具切削的尺寸精度，还可以省略打磨的工序。

组装模具仍然由人工完成。由于是根据订单生产模具，所以模具产品具有"一个模具一个样"的特点。针对这种自由度很高的组装作业，要设计出对应的自动化设备的难度极高，即使制造，也需要投入巨额资金。

---

① 在新工厂进行操作作业不会再增加工作人员的数量。在利优比，与生产模具相关的正式员工大约有 190 人，其中约 80 人会被指派到新工厂。也可以说，该公司的目标是在人员数量相同的情况下，将模具的生产数量提升至两倍。

新工厂建成后，利优比计划将从出图到生产出模具所花费的前置时间缩短至三分之二，也就是从现在的一个半月缩减成一个月左右，实现"世界第一的速度"（法原宏树）的目标。成本竞争力也是同样。

▶ **大隈机床——追求 V（价值）、S（速度）**
最高级的机型不会委托国外生产
从零件起的一贯式生产实现独有的价值

大隈（OKUMA）于 2012 年 8 月开始着手准备筹建该公司工厂（位于日本爱知县大口町）的再开发工程。第一期工程在 2013 年 4 月完成，工厂可通过从零件起的一贯式生产方式生产出中大型机床，并由此将生产率提高至原来的 1.7 倍。

大隈将新工厂制造的产品称为"高级产品"，包括加工中心

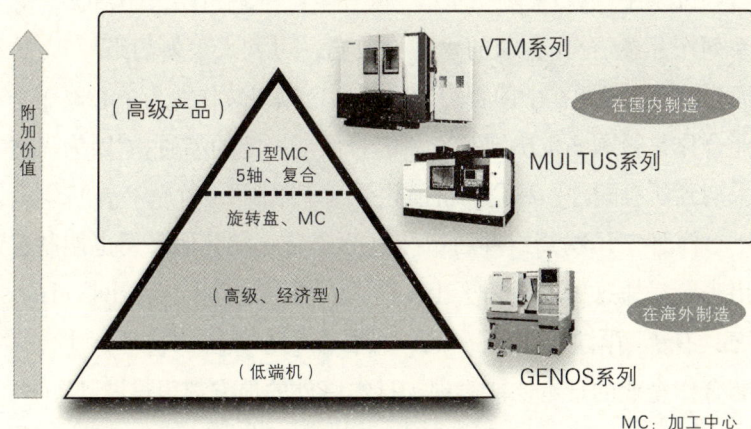

图 1-15　在日本国内工厂生产高附加价值产品
在日本国内生产被称作"高级产品"的最高级机型。在海外制造中端机型"高级、经济型"产品。

及复合加工机床等最高级机型。其产品和内部研制的控制设备一体化，具备自动抑制工具震颤、防止手动旋转时工件和机械碰撞，以及抑制热变位的影响等功能。"这些大隈独有的产品，受到了客户的好评"（大隈常务董事、制造总部总部长竹原幸治）。

大隈认为这种具有高附加价值的机型要求保证稳定的质量，极难在海外制造，必须在日本国内制造（图 1-15）。

海外以组装为主

大隈曾有中止在美国当地生产的经验教训。"当时的我们是哪里出现问题就要去哪里，事必躬亲，能够合作的优秀企业又很少，所以无法长久存续下去"（竹原幸治）。尽管现在大隈仍在继续强化海外的生产能力，并在中国北京和中国台湾地区设有工厂，却"仍有只能在日本制造的产品"（竹原幸治）。

位于中国台湾地区的工厂负责生产中端机型"GENOS"等系列产品。"合作企业的水平比较高，可购入很多的组件"（竹原幸治），因此在中国台湾地区的工厂以组装作业为中心。而企业合作是否顺畅也决定了产品能否保证一定的品质。"因为无法采购到所有配件，高附加价值化受到了限制"（竹原幸治）。

海外工厂购买组件后组装出的产品，在其他公司也能制造出来。只凭这一点是无法让客户对大隈的独有价值做出认可的。而具有更高附加价值的产品"只有在既有熟练的技术人才，又有合作企业的日本才能实现。日本以外的地方都很难做到"（竹原幸治）。大隈在对提高海外工厂的能力以承担制造高附加价值产品重任的方案进行权衡后，选择了将日本国内工厂的成本"抑制在合理范围内"（竹原幸治）、强化日本国内生产的道路。

即使机床的机型相同，不同客户所要求的部分尺寸也可能不一致，配置选项也可能不同。所以，生产的实质为多品种少量生产。只有在日本国内，才更容易对多品种少量生产进行控制。

生产能力增加到 120 台 / 月

在总公司的工厂再开发计划中，第一期施工将两个组装工厂改建成新的工厂，实现了从零件加工到总组装一气贯通的一贯式生产方式。仅在第一期施工工程中，投资额就达到了 70 亿日元，生产能力从每月 95 台上升至每月 120 台，销售额则由每月 20 亿日元上升至每月 30 亿日元。新工厂不仅提高了生产率，还利用日元升值强化海外采购部分零件等优势，抑制了成本的上升，维持了在日本国内的生产。

在总公司的工厂中央，原来是零件加工工厂，负责生产全部机型的零件。其中最重要的内部研制零件是主轴组件和框架。生产出的零件被运送到零件加工工厂两侧的厂房（组装工厂）中，在那里进行组装。然而这种方法无法对优先顺序进行微调，零件的搬运路径也很复杂，必须根据要用的零件决定如何搬送。

新工厂则是在相同的厂房中同时配备零件加工工厂和组装工厂（图 1-16）。新的零件加工工厂仅生产中大型机型专用并在组装工厂中使用的零件[1]。"制造出的零件第二天就可以组装"（竹原幸治）。灵活应用作为加工设备的 FMS（Flexible

---

[1] 尽管总组装是按照订单开始实施"订单生产"，但必须在客户下订单前就先预留出前置时间，做好零件加工的准备。所以，加工过程中的零件无法预知将被用于哪份订单中。针对这种情况，生产管理系统强化了使用仿真模拟进行预测的功能，据此制作出稳妥的生产指导书，以确保可以顺利地组装已完成的零件。

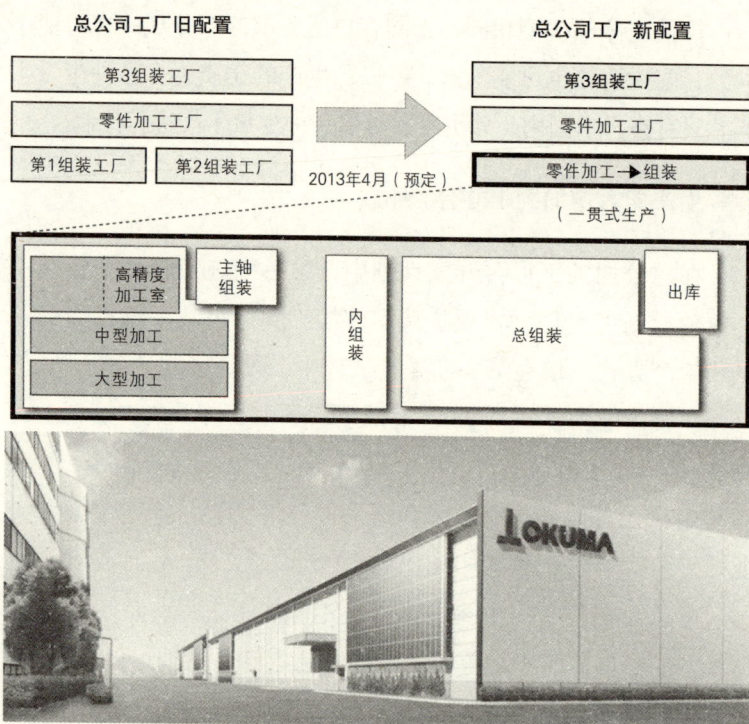

图1-16　总公司工厂再开发计划

面积不变。为提高生产能力，转变为从零件加工到组装完成的一贯式生产体制。照片是用计算机图像制作出的完成后的外观模拟图。

Manufacturing System，柔性制造系统）和机器人，并配备切削液自动供给系统及碎屑自动回收装置，实现可连续运作模式。

具有质量稳定的好处

大隈的可儿工厂于2007年实施了零件加工和组装一贯式生产的方法。从可儿工厂的经验中可见该方法的种种优点。不仅更容易接收订单和管理半成品，还因为零件加工工厂和组装工厂的温度易于保持一致而使产品的质量更稳定。

此外，可儿工厂在组装方法上也引进了新的方式。为大型框架部件预先装配直线导轨等部分小零件，和总组装时再装配细小零件相比，提高了效率。

得益于上述种种措施，总组装自开始到完成，生产时间从以往的 14 天左右缩短到 7 天左右。前置期缩短后，相应的半成品库存就会减少，降低了成本。对于客户来说，得到了快速接收高附加价值产品的"速度"价值。

▶ 杉野机械——追求 V（价值）
回避因复制商品引起的消耗战
将模拟领域作为核心技术进行钻研

杉野机械（SUGINO MACHINE，总部位于日本富山县鱼津市）一直致力于制造控制机床（MC）及去毛刺清洗机等工作机械，其坚持继续在日本国内生产的原因很明确——"防止市场消失"（杉野机械执行董事、精密机器事业部长押田淳，图 1–17）。

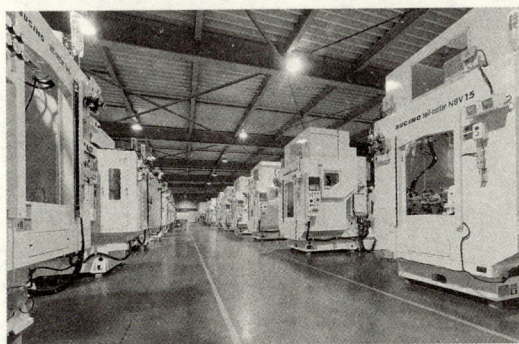

图 1–17　MC 生产线
　　设在日本富山县滑川工厂。以日本国内工厂的框架构造技术等核心技术为基础，生产轻便、高输出功率的 MC。

从金额上看，对一家出口比例较大（约 40%）的企业来说，日元升值的形势十分严峻。日本制造商的"常识"是应该逃脱日元升值带来的不良影响，选择在人力成本低的新兴国家建立工厂、制造主力产品的方法。杉野机械也在中国生产廉价的通用组件。但押田淳也表示"当前完全不考虑在海外生产主力产品"，理由如下：

如果在新兴国家的工厂中制造产品，技术就会不可避免地以某种形式泄漏出去，那么涌现出来的当地竞争企业的仿制品将会蔓延整个市场。一旦发生这种情况，市场价格会滑落到预定价格之下，而日本制造商无法招架的低成本战就会到来，逼迫日本企业撤出市场……

通用白色家电、半导体、超薄电视机……很多产业在这条道上走到了尽头。"海外的造价很便宜，但如果产品的价值（利益）下降了，那就毫无意义"（杉野机械董事、JM 事业部长高见邦英）。所以，杉野机械一直坚持在日本国内生产。

数字技术无附加价值

然而，这样不管不顾地继续在国内生产，既会受到先前所提到的日元升值的影响，又会在成本上失去竞争力。在日本国内生产的产品必须具有价值很高且需要严格保密的技术（核心技术）含量。杉野机械的特征就是尖端的核心技术。

现在，许多技术都很复杂并且高端化，而数字技术的积极应用又促进了效率化。很多日本制造商将包含数字技术在内的所有技术视为整体核心技术，并据此判断其价值。

杉野机械却与此相反，将技术分为数字技术和非数字技术（杉野机械将其称为模拟技术），并且仅将非数字技术视为核心

技术。由数字技术构成的零件或设备大部分都是由外部的专用
厂商供应的, 这种技术很容易被模仿复制。与之相对, 非数字
技术多由公司内部的专业技术知识经验累积而成, 具有公司的
独特创意。

具体来说, 在 MC 机械中, 购买的 NC 装置是典型的数字
技术产品, 而框架构造、模具及工具的固定方法等技术是杉野
机械的非数字技术, 同时也是核心技术。例如, 杉野机械的 MC
小型机也有具备一级以上切削能力的特点。之所以能做到这点,
保证轻巧化的同时兼具极高的刚性和耐久性的框架构造完成技
术不容忽视。

这种核心技术只有在具备了设计和生产两方面的技术及技
能后才能发挥出来。因此, "只有设计与生产在同一场所的日本
国内工厂才能制造出主力产品"(高见邦英)。

融合核心技术, 创造新的价值

在利用核心技术, 选择日本国内生产, 防止技术海外流失
的同时, 杉野机械还积极研制高价值产品, 衍生出了一系列史
无前例的、融合多种核心技术的新产品。

小型复合加工机 "SC Dual" 就是其中之一(图 1-18)。该
机器以执行铣削加工(利用旋转工具, 切削工件的工艺)的 MC
为基础, 附加了旋削功能。和以往机型的不同之处在于, 其铣
削和旋削的功能都很强。"以往的复合加工机都是旋转盘基座,
尽管旋削功能强, 但铣削功能是附加的"(押田淳)。也可以说,
它是第一台同时具备了两种同等切削能力的复合加工机。

为了制造出这种以 MC 为基础的世界上最小的复合加工机,
杉野机械应用了先前提到的框架构造技术。其中, 还结合了旋

图 1-18 小型复合加工机

融合了多种核心技术开发出的产品。其以 MC 为基础的复合加工机，附加了很强的旋削功能。即将 MC 和旋转盘两台机器所具备的切削能力集中到了一台。

削所必需的高速旋转台技术以及切削刀固定技术。前者开发出在支撑工件的摇篮形台面上（槽型支座），以 3000rpm（转数 / 分）高速旋转的产品。而普通产品仅能达到数百 rpm。为了实现高速化，杉野机械与电机厂家合作共同开发出新的电机。后者采用了新的机械式固定结构方案，以便在执行铣削的主轴上固定住工件。如果采用通常的断电方式停止主轴的旋转，由于刚性不够，旋削中工件可能会出现晃动问题。

将切削后的工件利用高压喷水去除碎屑或粉末的去毛刺清洗机是融合了核心技术的新产品（图 1-19）。这在杉野机械持有的核心技术中，也属于极为突出的一项。这项技术可将最高可达到 400MPa（兆帕）的高压喷水技术和喷嘴移动、框架构造等 MC 技术相组合。

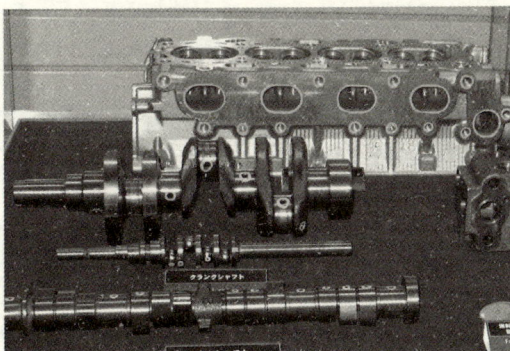

图 1-19　利用去毛刺清洗机加工的工件

切削油缸头、曲轴、阀门等工件后，利用去毛刺清洗机的高压喷水去除残留的碎屑和粉末。涂成白圈的部位是去毛刺清洗机冲洗的地方。这款清洗机是融合了高压喷水核心技术和 MC 技术开发出的产品。由日本富山县早月工厂生产。

多种核心技术组合会衍生出更强的核心技术。正是这些从设计和生产两方面积累起来的技术，增加了日本国内工厂存在的意义。

▶MagX 树脂成型磁石——追求 V（价值）
日本国内的合作企业网上积累了宝贵的基础技术

树脂磁石指用树脂固定住磁性粉制造出的磁石。这些薄膜形的产品可用作初学汽车驾驶人员的行车标识（图 1-20）。MagX（总部位于日本东京）从 1965 年起就致力于开发这种树脂磁石的技术。

受海外市场拓展的影响，MagX 于 2001 年设立了 MagX 越南工厂，2003 年设立了 MagX 美国销售及物流据点，2004 年设

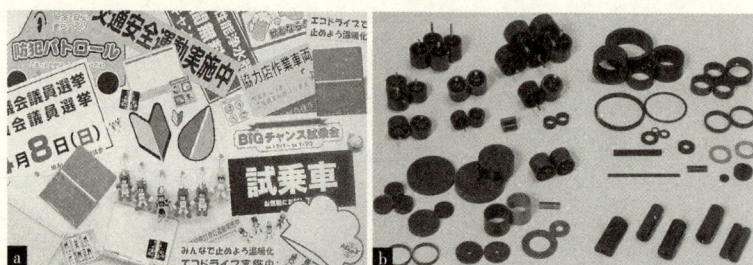

图 1-20　利用挤压成型工艺生产的磁贴和注塑成型产品
　　由树脂和磁性粉（铁粉）混合成型。如果希望磁力强，磁性粉需要多些。但磁性粉过多又会导致无法成型，必须将二者加以平衡。（a）印刷在薄膜上的产品；（b）用于步进电机转子等处的注塑成型品。

立了 MagX 上海加工中心（生产、物流据点）[1]。海外的各据点（特别是生产据点）在包括人事费用在内的成本方面非常有优势。"即便如此，我们也不会就此停止国内生产。"该公司董事长阿部城士坚定地说道。

在海外生产销售固定产品，在日本研制开发新产品

　　尽管在中国等国家，一些树脂磁石的制造商有所增多，但从全球范围来看，这种制造商并不多。能不采用滚轧技术而是利用挤压技术制造产品的厂家更是少之又少。这是需要技术累积到一定的量才能够达到的水平。
　　MagX 维持了树脂磁石产品物理特性及尺寸精度俱佳的品质。薄膜的厚度通常在 0.7mm~0.8mm，而该公司的挤压加工工

----

　　[1] 通过网上的购物网站 "Alibaba.com"，可向没有设定据点的国家出售产品，并签订合同。

艺能制造出厚度仅为 0.15mm 的超薄产品[1]。并在保证磁力效果的基础上，与纸张贴合后，可利用喷墨式打印机进行打印。除此之外，通常薄膜的宽度多在 600mm，只有筑波工厂（位于日本茨城县常总市）配备的生产设备可以生产宽度为 1000mm 的产品，该技术领先于其他竞争对手。

将薄膜形产品切细后，还可用于微型电动机的磁场。越南工厂主要生产用于日系制造商的海外据点磁场用膜，以及宽度为 600mm 的薄膜（图 1-21）。数量多且价格低的指定商品都在越南制造。

图 1-21　筑波工厂与越南工厂
尽管结构上基本相同，筑波工厂（a）却能生产出比越南工厂（b）宽度更宽的膜。并且，筑波工厂负责生产线的人员数量不多。

"日本国内主要生产技术方面附加价值高的产品，以及客户特别要求快速交货的产品。同时，（日本）国内据点负责新方案的开发，并生产高技术水平的产品"（阿部城士）。

越南工厂的生产线除了产品的宽度不同以外，与筑波工厂的生产线结构完全相同。但越南工厂需要很多作业人员，相比

---

① 采用滚轧工艺制造产品时，厚度方向的尺寸精度仅有 ±0.1mm 左右。这种精度即使在制造厚度为 0.15mm 的产品时，在纹路上开孔的可能性也极高。

之下，日本这边只有少数的熟练技工执行作业任务。膜与膜相互间黏合的处理工艺很难实现自动化，要求技术上必须达到某种程度的熟练水平，因此日本以外的其他据点有很多产品难以被制造出来。

尽管膜厚度的精度数值在商品目录上被标注为 ±0.05mm，但日本国内生产的产品通常被限制在 ±0.03mm，甚至还有精度更高的情况。"尽管可能会出现品质过剩的现象，但也只有日本制造的产品才能达到这种极致"（阿部城士）。

有机与无机相结合

日本国内的生产"无法停止"是因为日本国内存在各种不同的新需求，并且只有日本才拥有能实现这些要求的基础技术。很多技术经验都是在与合作企业的密切合作基础之上获得的，而这种合作关系很少能在日本以外的地方实现。

用一句话说明 MagX 的技术，即"有机与无机相结合的技术"（阿部城士）。将树脂（有机物质）和磁性粉末（无机物质）糅合成一体。树脂（有机方面）有多种多样的选择，而无机方面也并不仅限于磁性粉，还可以应用各种各样的金属粉末。

例如，可以生产"附在磁石上的磁贴""吸收电波的树脂零件""屏蔽放射线用膜"等利用电磁特性不同变化而制造的产品。实际上，"附在磁石上的磁贴"已被实际应用于汽车零件等对象。日本国内工厂听取客户提出的新创意及需求，并在客户、树脂和金属粉末材料制造商以及生产设备制造商的合作下共同解决各种问题。

解决生产技术层面的问题也同样需要包括合作公司在内的、日本国内积累的技术知识的支持。不管是采用挤压成型方式还是注塑成型方式，制造出的树脂磁石和采用普通成型方式生产出来的制品相比，模具的耐久性存在很大的问题。磁性粉等无机材料对模具而言，更像是"研磨剂"。"注塑成型时，即使是使用 S45 C 钢材等通常可承受 30 万冲击的模具，一旦放入磁性粉，则 1 万冲击就会开始改变性能，出现碎屑。必须从材质、表面处理和设计等各方面入手，至少要保证达到 10 万冲击的水平"（阿部城士）。

成型机中起到挤压树脂作用的推进器和油缸也同样会承受负荷，需要特别订购。例如，推进器和一般的产品相比，在速度上出现了变化。因为是特别订购的产品，需要额外付款给成型机制造商。

必须在生产技术上与材料制造商合作。模具专用特殊钢材制造商也同样认为 MagX 是最新产品用途开发的合作伙伴。"因为开发出了耐久性高的特殊钢，日本国内的材料制造商很快就给我们带来了新的产品。"MagX 厂长、生产技术部部长荻久保好说。

综上所述，各种基础技术都立足于日本国内的基础之上。即使日本国内确立的生产线可以转移到海外，研究开发功能也不会被转移到海外的据点。研究开发功能与生产现场的实践紧密结合，使得日本国内的生产据点成了其竞争力的源泉。

▶ 丰田汽车——追求 C（成本）
日本诞生的新生产技术
制造成本低，战胜日元升值

尽管日元升值给日本国内的工厂造成了很大压力，但也有日本制造商正面迎战了成本问题。其中的代表就是丰田汽车。

"如果败给日元升值，就没有前途可言。由日本发起的制造革新实现了划时代性成本削减"，丰田汽车副董事长新美笃志用几句简洁的话就概括了在日本国内生产的关键所在。制造革新让生产技术具备了更高的成本竞争力，即使在日本，也可以以较低的成本制造出产品。据此，丰田汽车化解了日元升值的影响，以每年300万辆汽车的国内生产量，牢牢坚守住了国内的生产产业。

日本集中了制造技术含量高的零件、材料及设备等的供应商，并拥有掌握专业知识的高科技人才队伍，在这样的宝库中，源源不断地孕育出划时代性的生产技术。可以说，日本像一块生长新技术的原野，正是这里结出的技术之果支撑着丰田汽车的产品竞争力。如果缩减日本国内的生产规模，供应商经营凋敝，原野也会变得贫瘠。为了防止出现这种现象，丰田汽车在日本国内的生产规模远高于其他的同行企业。

彻底消除浪费是制造革新的途径，也被称作丰田生产方式的原点（TPS）。其中，消除浪费主要着眼于加工中的浪费[1]，通过提高成品率，削减工序量，尽可能构建紧凑型[2]的生产线。

工匠高级技能的自动化

其中之一就是提高了成品率的曲轴生产线（图1-22）。由

---

[1] TPS中，对"加工浪费"做出了定义。

[2] 丰田汽车用"简单·苗条"来表现。利用这种概念建立的生产线称作"小规模革新生产线"。因为规模小，可进行变种变量生产，并具有设备投资相对减少的优点。

此可以看出从生产现场的无形技能到有特定形式的生产技术的转变。

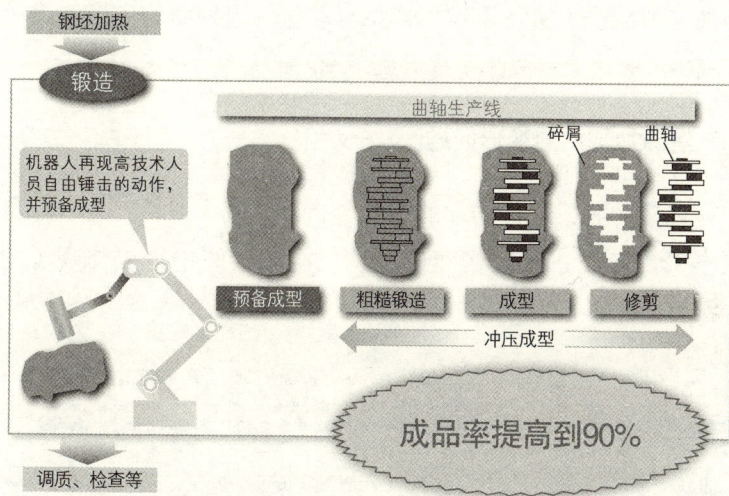

图 1-22 成品率提高的曲轴生产线

加工时抑制出现碎屑的浪费现象。加热钢坯材料后，曲轴被移到锻造工序。在将曲轴送入冲压机成型前，需要熟练技工发挥减少碎屑的工件预备成型工艺的生产现场专业技能。由生产技术部门对该技能进行工学分析，找出进一步削减碎屑的预备成型方法，并利用机器人实现该方法的自动化。提高成品率后，材料费也会随之降低。

为保证锻造曲轴的高强度，必须使用高价材料。而要想降低成本，必须提高成品率。因为通常所采取的将加热后的圆柱形工件（钢坯）马上进行锻造冲压成型的方法经常发生碎屑问题，所以成品率通常会低至 70%。为改善这种情况，在生产现场，可先由熟练技工将加热过的钢坯用自由锤敲击，预备成型后再进入冲压成型工序。经过如此处理，成品率可提高至 80%。

丰田汽车的生产技术部门着眼于这个"熟练工技能"阶段，对经自由锤敲击过的材料发生了怎样的变化进行了技术上的分析。通过对可减少碎屑的最佳材料出现的变化进行研究，将目标锁定在引起该变化的自由锤的使用方法上。继而利用机器人再现这种动作，实现了预备成型自动化。这种新的生产线进一步减少了碎屑，将成品率提高到了90%。

消除加工中的变形问题

对材料加工进行详细的工学分析[1]，减少浪费，这一点也在丰田汽车爱三工业构建的发动机阀生产线中得以体现（图1–23）。

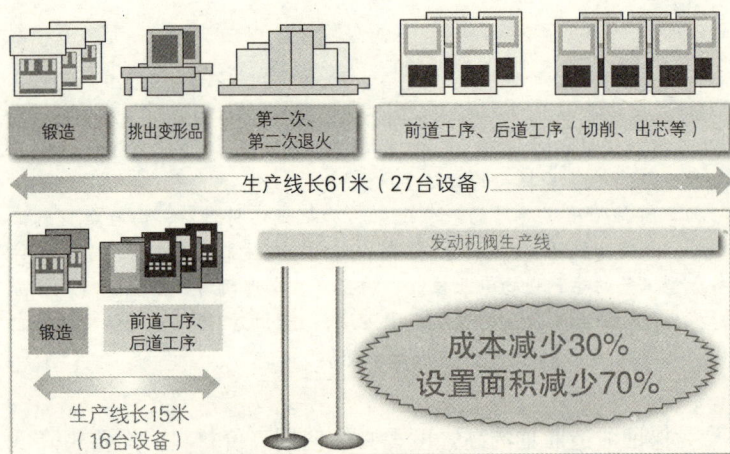

图 1–23　发动机阀生产线

爱三工业运作的生产线。下面是新生产线。在对锻造工序中工件轴部发生的变形进行工学分析后，提出了避免发生变形问题的锻造方法。由于不必再对变形问题进行纠正处理，还省去了图中上部所示的以往生产线中所必需的挑出变形品和退火的工序。又因为各设备的小型化，生产线长度降到了以往的四分之一以下，实现了紧凑化。工序量的削减将成本降低了30%。

---

[1] 丰田汽车使用"科学化加工点"一词来表示。

以往的发动机阀生产线由于要承受锻造材料时产生的压力，工件的轴部容易出现形变。所以，锻造后首先要对出现形变的轴进行矫正，再在退火后进入切削工序（前道工序、后道工序），切削必要的部分，最后经由表面处理制造出发动机阀。这一系列作业就构成了工序，并且使用了 27 台设备的 61 米长的生产线。

与此相对，新生产线针对工件出现变形的轴部结构，提出了可抑制变形的新锻造方法，研制出了紧凑型锻造设备。并以此为基础，节省了挑出变形品和退火两道工序。

此外，通过提升锻造冲压成型的加工精度，引进高效率设备等措施，还能减少前道工序和后道工序的数量。爱三工业仅用较少的 16 台设备，就建成了长度只有 15 米的紧凑型生产线。设备面积也较从前削减了 70%，实现了成本削减 30% 的目标。

为避免过度制造出现的浪费问题，丰田汽车还开发出了单个加热处理工件的"一个流加热"生产技术，用于曲轴等加工工序。以往都是采用将几个工件同时放入炉具的批量处理方式，工厂普遍认为通过炉具进行加热处理时如果不采用批量处理方式，无论在时间上还是成本上都会产生浪费。

新的加热技术废弃了炉具，改用通电加热的方式。这样就不再需要花时间对炉子进行预热，可对单个工件迅速进行加热处理。80% 的设备改成紧凑型设备，运作效率提高了 7%。

与丰田汽车相关的中央发条公司就是将加热处理和涂装工序中的批量处理方式改变成逐个处理方式，实现了稳定的一个流生产线。将原来因为要做批量处理而分布在各处的设备一并排开，设备本身也实现了小型化。完成了加热、成型、淬火、回火、涂装的全程化处理。

　　最终，通过种种变革，丰田汽车生产线的长度减少了40米，加工的前置时间缩短了80%，减少了83%的设备投资，降低了30%的成本。

第 2 章
放眼海外：找到真正的合作伙伴

潮流的变化

▶ **委托海外生产的速度加快**
从"外包商"到"真正合作伙伴"过程的转变

2012 年，日本国内某大型电机制造商在对新开发的所有电子器材是在本公司制造还是委托海外的 EMS/ODM 企业生产进行了细致的比较后，决定对开发体制与生产体制进行规则化。同时，也开始对是否利用 EMS/ODM 企业的超级计算机进行了认真研讨。

从以民用为中心向产业机器、车载机器转变

日本的电子器材制造商大多利用海外的 EMS/ODM 生产游戏机、笔记本电脑、液晶电视、数码照相机等以中低端机型为主的民用机器。现在，EMS/ODM 的业务范围扩大到了高端数码类民用机器、产业机器、车载机器等领域。

接受车载机器等生产委托的海外 EMS 大企业美国 Jabil Circuit 公司的日本法人 Jabil Japan 的营业总部部长木村正雄介绍说："在日本国内，车载机器的交易越来越活跃。"具体表现在将车载导航系统、车载音响、无钥匙进入等系统委托给海外 EMS

生产的摸索过程。

　　这缘起于日本国内大规模汽车制造商在海外工厂加强生产能力的趋势（图 2-1）。例如，日产汽车分别于 2013 年在墨西哥、2014 年在中国和巴西建设了新工厂①。丰田汽车和本田汽车也都提出了强化海外生产能力的方针。

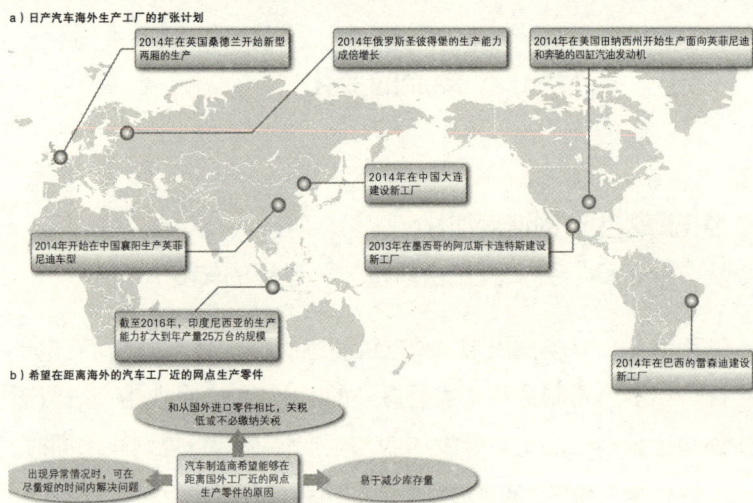

a）日产汽车海外生产工厂的扩张计划

b）希望在距离海外的汽车工厂近的网点生产零件

图 2-1　汽车制造商等的最终产品制造的海外扩张促进了 EMS/ODM 的应用

日本国内的大汽车制造商将今后的发展方向定为加强海外工厂的生产能力。（a）日产汽车的拓展计划。（b）汽车制造商希望在距离海外汽车工厂近的网点生产零件，加强了对海外 EMS/ODM 的利用。（a）根据日产汽车的资料编撰而成。

　　随着海外生产能力的扩大，汽车制造商强烈要求供应商在距离汽车工厂较近的海外网点生产、供应零件。理由有三个：

①　日产汽车还提出了 2014 年在俄罗斯、2016 年年底前在印度尼西亚扩大生产能力的方针。

其一，出现异常情况时，可在尽可能短的时间内解决问题；其二，与从国外进口零件相比，没有关税或者关税不高；其三，易于减少库存量。

具体的行动已经实施。2012 年 9 月中旬，先锋公司和印度尼西亚当地的 EMS 企业合作，于 2013 年春季发布信息，开始在当地生产车载音响等汽车电子产品（参照第 52 页文章《为何将车载电器委托给印度尼西亚的 EMS 生产？——专访先锋公司》）。委托生产的规模从 2013 年的 100 万台开始逐渐扩大。

服务器和高端民用机器等也外包海外

日本的电子器材制造商不仅自己开发、生产产品，还切实推进了利用 EMS/ODM 委托生产包括服务器等高信誉度机器和高端民用产品在内的产品的进程。"服务器的价格在急剧下跌。以往我们都是自己制造所有的服务器，现在我们决定开始利用 EMS/ODM 企业。从产品价格走低的趋势来看，今后必须逐渐加大外包的委托量"（日本国内大型服务器制造商）。

中国台湾亚洲光学股份有限公司（ASIA OPTICAL 公司）是生产数码照相机的大型 EMS/ODM 企业。主要为 5 家日本制造商供应 36 倍变焦镜头和 46 倍变焦镜头的高端轻便型数码照相机，并于 2013 年中期开始生产无反光镜相机（Mirrorless Camera）。

全球化带来的机遇

消费地的全球化进程，加强了海外车载电器和电子器械生产据点的存在价值。以前都是以发达国家为中心，但今后新兴国家的需求将急剧增加。

在这种状况下，根据产品的用途和特征，寻找最佳的生产

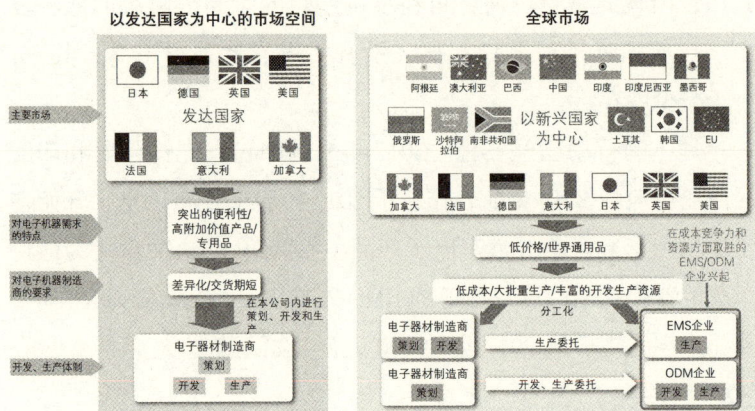

图 2-2　和全球化一同兴起的 EMS/ODM 企业（例如电子器材类企业）
在以发达国家为中心的市场空间和以新兴国家为中心的全球市场中，最适宜的开发和生产体制都不相同。随着全球市场的扩大，EMS/ODM 企业迅速兴起。

据点就显得更为重要（图 2-2）。实际上，在日本国内的制造商中，正如第 1 章中所述，针对对 "Made in Japan" 的价值有明确认识的客户，开始出现了生产回归日本国内的动向（参考第 55 页文章《OKI 瞄准的国内 EMS 事业的生存之道，从高信誉度、用途等方面找出路》）。

对此，可将适合委托给海外的 EMS/ODM 企业生产的产品大致分成两类。第一类是全球市场上拓展的产品群。具体是指短时期内需求量大的产品，特别是面向寻求低单价的新兴国家出口的产品。

另一类是必须在短时期内开发、生产出来的多品种产品。随着开发品种的增加，仅靠自己公司的力量，无论在开发还是生产层面上，资源不足的情况都在增多。"智能手机类产品的这种趋势尤为明显"（日本国内大型电机制造商）。

以外包的意识接触委托企业

既然无法避免委托海外的 EMS/ODM 企业生产，那么如何合理利用 EMS/ODM 企业将会左右日本企业的竞争力大小（图 2-3）。

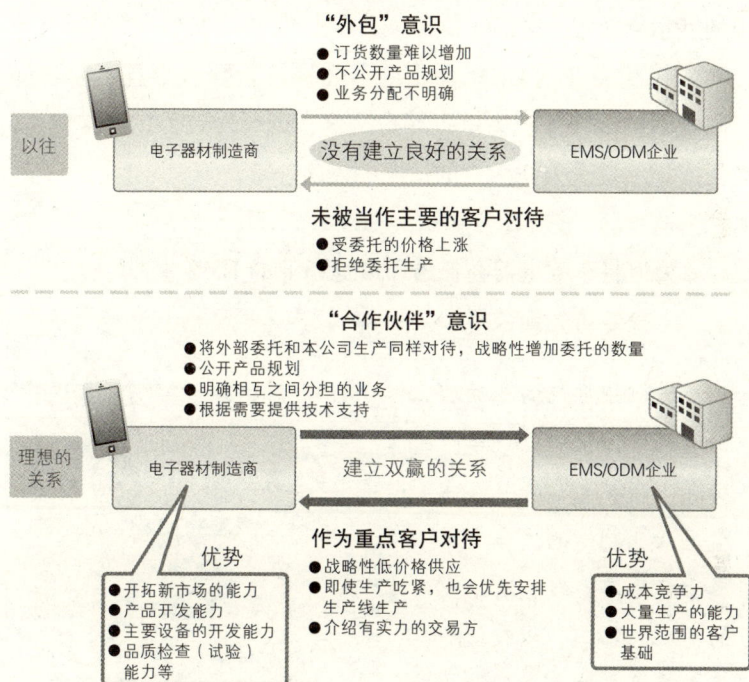

图 2-3　从"外包商"到"真正的合作伙伴"的转变
电子器材制造商必须改变和 EMS/ODM 企业交易的方式。在外包给 EMS/ODM 企业的意识下所做的交易，是无法构建理想的合作关系的。应视对方企业为可共享产品规划的"真正的合作伙伴"。

然而，很多日本国内的大制造商并不擅长利用海外的 EMS/ODM 企业。以"外包"的意识对待 EMS/ODM 企业被公认为是最主要的原因之一。例如，因突然增加的需求或突发事件而无法确保生产量，紧急向 EMS/ODM 企业订购的情况就不在少数。

　　而正是这种和 EMS/ODM 企业之间的"外包"意识的作用，导致订购的数量变少。首先，在优先对本公司的生产进行商讨后，公司仅将其中无力完成的部分交给 EMS/ODM 企业。并且，因为外包意识的存在，公司也不会积极地将自己的产品、技术规划展示给对方。

　　而接受委托的 ODM 企业也不会将订货数量少且不愿告知产品规划的委托方视为重点客户。这样就会导致委托价格偏高，受托方拒绝接受委托生产的情况的发生。

为何将车载电器委托给印度尼西亚的 EMS 生产？
——专访先锋公司

　　进驻印度尼西亚的理由有两个。第一，汽车市场在不断扩大，并且在印度尼西亚制造的汽车大都属于日系车，我们有很大的商机。第二，以较低的成本生产车载电器的潜力很大。尽管我们在中国和泰国也有工厂，但印度尼

图 2-4　左边是先锋公司生产采购部、生产战略部部长田头昌幸，右边是先锋公司汽车电子事业部、汽车生产部部长山本宪明。

西亚的人力成本比中国和泰国都低。并且，在印度尼西亚具备高成本竞争力的零件制造商比较多。

　　那么，为什么决定交由 EMS 企业生产，而不是我们自己公司的工厂呢？原因之一是，在印度尼西亚，像罢工这类劳动纠纷很多，劳务管理的难度大。在考虑低投资、是否能

够迅速开展工作等因素后，我们这次选择委托给 EMS 企业进行生产。在印度尼西亚，有相当多销售业绩好且颇具实力的 EMS 企业，其中也有很多接触过车载电器的实际生产。至于与哪个 EMS 企业合作还未确定。选中某个企业的前提条件是可保持某种程度上的持续沟通。

我们公司在海外设立了多个工厂，为了保证产品的品质相同，这些工厂都具备了专业的技术知识。例如，车载电器上使用的光盘装置等主要设备要么由我们自己生产，要么从可信赖的零件制造商处采购，再供应给生产据点。委托 EMS 企业生产时，也必须遵循该方法。

即使决定委托 EMS 企业生产，为确保车载电器的信誉度，我们也会先拟定测试方案，并对当地的试验环境进行评估。只有试验环境合格后，才可以进行最终试验，向客户供货。

书面化也很重要

除了数量和产品规划的问题以外，也有很多意见认为以公司自主生产为前提条件构建了开发和制造体制的日本制造商原本就非常不善于将开发或制造的环节委托给外部企业。与此相对，很多海外企业都备有组装或测试的说明书，更擅长打造易于将开发或生产环节委托给外部企业的环境。

日本企业书面化的进程一般比海外企业慢。"从开发到生产的整个环节的工作都由少数技术人员承担，这样的日本企业不在少数。尽管在人数有限的技术人员头脑中储备了大量的专业知识，但因为没有将其书面化，所以即使对生产线上的操作人员发出指示，很多工作仍是靠同事间的相互配合才能完成。这种构造是不利于有效地将业务委托给外部 EMS/ODM 企业的"（EMS/ODM 业界的相关人员）。

要想克服这些问题，必须转变观念，将海外的 EMS/ODM 企业置于"真正的合作伙伴"的位置上，而不再是简单地委托生产。首先要转换本公司生产的观念，平等对待本公司生产和海外 EMS/ODM 企业的委托生产。并且，在尽量增加订购数量的同时，应积极将自己的技术、产品规划提供给对方，向海外 EMS/ODM 企业明确展示自己和对方是一起解决问题的真正的合作伙伴的诚意。

同时，进行委托开发或生产时，必须准备好实际业务中不可缺少的开发制造程序手册及说明书等书面文件。

公布供应商名单

美国苹果（Apple）公司在委托数量及与 EMS/ODM 企业构建良好关系等方面都抢先了日本制造商一步。苹果公司没有自己公司内部的机器生产线，所有产品都委托给了外部厂家生产。除此之外，苹果公司还会就持有的热销商品对外部厂家进行指导，生产委托的数量庞大。

毫无疑问，苹果公司和 EMS/ODM 企业构建了良好的关系。2012 年年初，苹果公司公布了 2011 年和其有过交易的主要零件 / 材料供应商的名单"Apple Suppliers 2011"。名单中列出了富士康科技集团（Foxconn）、美国 Jabil Circuit 公司、台湾和硕（Pegatron）公司等多家 EMS/ODM 企业（参照第 56 页文章《苹果产品生产合作关系变化的征兆：从一家独占到数家公司生产，和硕公司的兴起》）。不难想象名单的公布进一步提高了 EMS/ODM

企业的士气，其中值得日本制造商学习的地方有很多。

OKI 瞄准的国内 EMS 事业的生存之道，
从高信誉度、用途等方面找出路

日本国内也有接受委托生产电子器材成品的企业，其代表是 OKI。自 2002 年开始，OKI 作为"Advanced M&EMS"事业，开始从其他公司接受委托生产。产品不局限于信息通信器材，医疗器材、产业机器、计测仪器等都在日本国内的工厂进行生产，2011 年的销售额达到了 313 亿日元（图 2-5）。

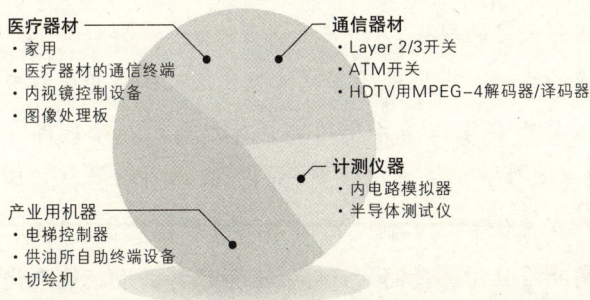

医疗器材
- 家用
- 医疗器材的通信终端
- 内视镜控制设备
- 图像处理板

通信器材
- Layer 2/3开关
- ATM开关
- HDTV用MPEG–4解码器/译码器

计测仪器
- 内电路模拟器
- 半导体测试仪

产业用机器
- 电梯控制器
- 供油所自助终端设备
- 切绘机

图 2-5　OKI 的 EMS 事业部生产的产品种类
饼图显示的是销售额比例。

OKI 的 EMS 事业部生产"信誉度极高但数量不多的电子器材"（OKI EMS 事业总部长清水光一郎）。所以，相较于面向消费者的产品，OKI 生产面向产业的机器更多。其成果之一是电梯控制器，基本要求是能够正常运行 30 年，必须保证质量和信誉度。OKI 的 EMS 事业部生产了很多与人身安全息息相关的产品，这些产品对产品品质的要求极高。像手机这样的产品，一旦质量不好，尽快换一部即可。"当我们的产品发生问题时，如果对客户说'马上换一台'，客户会说'开什么玩笑'！要知道，我们的产品是连海外的 ODM 都不愿意生产的产品"（清水光一郎）。

这样的产品如果制造成本合理，就会存在一定的需求。"如果仅因为是日本的品质，所以成本就极高，那么肯定是无法生存的。可如果将成本抑制在某个范围内，那么在成本方面也可以确保产品的竞争力"（清水光一郎）。客户决定将高信誉度产品委托给外部企业生产时，即使接单的是海外的 ODM，很多也都要考虑到附加成本及客户自身交易等问题。只有全力以赴去满足这样高信誉度产品的需求，销售额才会达到一定的规模。

有的订单来自海外的客户，为了保证产品的信誉度，他们会仅将需要保证高品质的部分加以委托。客户将在海外 ODM 等处生产的产品运送到 OKI，由 OKI 实施品质检查等工作，在确保和日本制造商同等品质后再发货。"日本擅长制造高品质且信誉度高的产品，必须保持并发扬这个优良传统"，清水光一郎强调。

苹果产品生产合作关系变化的征兆：
从一家独占到数家公司生产，和硕公司的兴起

围绕着美国苹果公司的"iPhone"和"iPad"产品的生产，EMS 企业之间的力量对比关系开始发生变化。以往，一直都是 EMS 世界的巨头企业富士康科技集团在生产这些终端上占压倒性优势，但现在新兴企业却越来越引人注目。这个新兴企业是中国台湾的和硕（Pegatron）公司，2008 年由

从中国台湾计算机制造商华硕（ASUSTeK）独立出来的计算机接受委托生产部门建立。

打破了以往由富士康科技集团独家占有的格局

"在分公司的苏州工厂见习时，我曾经询问带领我们参观的工作人员：'iPhone 是在哪儿生产的呀？'结果却招来了斥责：'这个工厂制造什么不是你们能问的。更别说是关于 iPhone 的了。'当时觉

图 2-6 上海有名的繁华街南京东路上的 Apple Store

得很生气，但又想到连总公司的工作人员都要隐瞒，看来苹果公司让供应商严守秘密的传言是真的了。"

说这话的是在华硕的中国法人公司工作的工作人员。华硕因为上网本这一产品风靡一时，并于 2012 年借助美国谷歌公司的新型平板电脑终端 "Nexus 7" 的委托生产发展壮大。该工作人员见习的工厂是和硕公司的苏州工厂。

从 2007 年发售的第一代机型到 "iPhone 3GS"，一直都是由富士康科技集团独家接受 iPhone 的委托进行生产。而打破这个局面的正是和硕公司。

iPhone 的出厂量达到 2000 万台

和硕公司在接受 iPhone 生产订单之前，一直都以接受委托生产华硕公司的主打产品笔记本电脑和主板为主。台湾

金融信息网站 *cnYES*（2012 年 5 月 14 日）中的台湾证券公司 Cathay Securities 公司的报告显示，2011 年和硕公司的笔记本电脑出厂量为 1345 万台，其中有七成是供应华硕公司的。2012 年也是华硕所占的份额最大，但供应东芝的产品由上一年的 200 万台上升到了 550 万台。再加上和硕独家接受了由美国微软公司 2012 年 7 月发布的该公司品牌产品（平板电脑终端 "Surface"）的委托生产订单，渐渐让和硕脱离了对华硕的依赖。

其中，"iPhone 4" 的 CDMA 版手机是最早成为和硕接受 iPhone 委托生产订单取得成功的产品。最早采用系列产品的早期产品 CDMA 版手机的是美国威瑞森电信公司，CDMA 版手机于 2011 年 2 月开始发售。和硕在接受部分该产品的委托生产后获得了成功。接着又拿到了 2011 年 10 月开始发售的 "iPhone 4S" 一定数量的委托生产订单。据此，和硕公司的出厂量由 2011 年的 820 万台一举增长至 2012 年的 2000 万台。

郭台铭董事长面露不甘

根据中国台湾地区的各大报纸报道，在 2011 年 5 月的股东大会上，富士康科技集团的郭台铭董事长做出了 "有的企业为了股价能够上涨，在赤字状况下，从本公司抢走了苹果公司的订单" 的发言。虽然没有明说，但其还是因为和硕拿走了订单而面露不甘。

而且，关于 2012 年 9 月开始发售的最新机型 iPhone 5，台湾《经济日报》（2012 年 10 月 1 日）中报道了和硕拿到二

成的订单。对此，*Apple Daily* 台湾版（2012 年 9 月 27 日）中
登载了 Citigroup Global Markets Taiwan 公司的亚洲太平洋下
属硬件产业分析员张凯伟的分析文章。该文章指出富士康科
技集团 2012 年第三季度的 iPhone 出厂台数，iPhone 5 为 1250
万台，iPhone 4S 和 iPhone 4 为 800 万台，共计 2050 万台。和
硕生产的 iPhone 量共计 500 万台。

所以，iPhone 的委托生产仍然是富士康科技集团占有压
倒性的优势。关于平板电脑终端"iPad"，观察 2012 年 3 月
发售的最新 iPad 机型之前的状况，市场和业界一致认为今后
仍会由富士康科技集团独家生产。

可是，2012 年 9 月中旬报道的某新闻却震惊了市场和业
界。苹果公司将 2012 年第四季度投产的廉价版小型平板电
脑终端"iPad mini"的生产任务委托给了和硕。由此，和硕
接受的订单比率超过了富士康科技集团。

据台湾《经济日报》（2012 年 9 月 17 日）报道，台湾证
券公司、Yuanta Securities 公司在 9 月中旬的报告中指出和硕
至少拿到了 iPad mini 一半的订单，甚至可能达到六成，远
远超过了富士康科技集团公司的订单量。

和硕快速挺进的目标不仅限于智能手机和平板电脑终
端。中国台湾地区的调查公司 Topology Research Institute
（TRI）公司分析员张秉维分析，2012 年 10 月 2 日，苹
果公司的笔记本电脑"MacBook"系列中，超薄型轻量机
"MacBook Air" 2013 年对外委托生产订单的 18% 都由和硕
获得，并已经进入了试验样机调试工作的阶段。

据 2012 年 10 月 3 日的台湾报纸《中国时报》报道，以

往一直都是由笔记本电脑受托生产的世界巨头级 ODM 企业台湾广达电脑（Quanta Computer）独家占有 MacBook Air 的委托生产订单。如果 TRI 的报道属实，和硕实际上也打破了广达电脑公司的垄断格局。

苹果公司委托和硕公司生产的原因

苹果公司原来仅委托富士康科技集团生产 iPhone，现在也开始委托和硕生产，这是为什么呢？

很多台湾 EMS/ODM 业界的相关人员指出最大的原因在于要想确保容易断货的 iPhone 的稳定供给，仅靠富士康科技集团的生产能力是不够的，这点在 iPhone 4 面市以后更加明显。并且，2010 年以后，富士康科技集团接连出现了不稳定事件及事故，会给稳定供给带来影响，很多意见认为这些都促使苹果公司寻找第二供应厂家。

上述事件指的是 2010 年 1 月~5 月末发生在生产 iPhone 的富士康科技集团深圳工厂的 12 位员工跳楼自杀（其中 10 人死亡）的罕见事件[1]。除此之外，在人工费用高涨的深圳等华南沿海地区，当时还相继出现了要求涨工资的罢工事件。受这些事态的影响，富士康科技集团开始向四川省成都市、湖北省武汉市、河南省郑州市等人力成本较低的中国内

---

[1] 据国内外媒体称当时由于这些人每天在严酷的劳动环境下工作十几个小时，身心俱损，终于以自杀的方式表示抗议。而另一方面也有报道称苹果公司对富士康科技集团的状况感到不安，开始认真考虑委托方多元化的方案。

地迁移生产据点①。其中，富士康科技集团将 iPhone 的生产中心由深圳转移到了 2011 年 8 月在郑州竣工的工厂。iPad 的生产据点也于 2010 年 11 月从深圳工厂转移到了成都工厂。

可是，成都工厂却发生了问题，2011 年 5 月发生的爆炸事故导致苹果公司的委托订单流失。这场事故中，2 人死亡，16 人不同程度地负伤。在外壳的研磨现场设置的除尘用管道内，残留的可燃性粉尘引发了爆炸。中国台湾地区的 EMS 有关人员认为正是因为 iPad 生产工厂发生了这场事故，才促使苹果公司真正开始和和硕公司商讨 iPad 的生产委托事宜。

和硕也同样面临着问题

尽管和硕接收苹果公司委托生产的订单增加，却也不能高枕无忧。因为其所面临的部分问题和富士康科技集团的问题一样，是很棘手的。

2011 年 12 月 17 日，和硕在中国的分公司——负责制造外壳的日腾（RiTeng）上海工厂，发生了爆炸事故，导致 61 人不同程度地负伤。第二天台湾报纸《工商时报》报道事故当时，日腾在生产 MacBook 用外壳的同时，还在为拿到新 iPad 的委托生产订单做准备。关于事故原因，据说是在研磨作业中，大量铝粉尘堵住设备，导致发热引发爆炸。在生产苹果产品的过程中，和硕出现了和富士康科技集团同样的问题。

---

① 因为网点的快速扩大，在该公司工作的中国人的数量也急剧增加。2010 年 5 月已经达到了 80 万人的惊人规模，同年 10 月份就增长至 92 万人，同年 12 月末终于突破了 100 万人的数量。

针对 iPad mini 的委托生产订单，也开始出现了和硕公司在技术和经验上都不足的报道。据 2012 年 10 月 3 日的《工商时报》报道，中国台湾地区的投资公司、Fubon Investment 公司的最新报告显示，由于和

图 2-7　正在拍摄浙江省地方戏曲昆曲剧照的摄影人员。在中国，iPad 已被广泛应用到工作、生活等方方面面。

硕在生产苹果公司平板电脑终端方面经验不足，一直苦于无法提高 iPad mini 的成品率。结果，接到的委托生产订单只能滞留在三成的范围内，委托生产订单中的七成仍然由富士康科技集团持有。

必须重新认识中国生产

最后，介绍一些中国的频发事态，这些案例都昭示着以中国廉价劳动力为前提的生产计划已临近极限。

2012 年 9 月 23 日，在制造 iPhone 5 零件的富士康科技集团的山西太原工厂，警务人员和工人发生了口角，演变为 2000 工人的暴动，工厂被迫停工一天。同年 10 月 5 日，郑州工厂爆发了 3000~4000 人参与的大罢工，iPhone 5 生产线因此中断运行。

富士康科技集团于第二天（10 月 6 日）否认发生罢工事实。但中国大陆和中国台湾地区的媒体都指出：品质管理要求过于严格，让本应该休假的职工加班，都是引发工人不满

进而爆发罢工事件的原因。以农村人口为主的工人们出于待遇和地位差别等原因，早已积怨已久，一旦发生什么事情，都可能成为引发事件的导火索。而从企业的一方来看，苦于应对高涨的人工费用也是实情。

熠熠生辉的海外企业

▶ 依靠高定位和市场垄断，持续保持 30%~40% 的利润率

中国台湾地区的可成科技（Catcher Technology）公司推翻了 EMS/ODM 企业薄利多销这一说法。该公司是全球电子器材

图 2-8　销售额毛利率在 30%~40% 上下波动

可成科技公司生产的用于电子器材的金属外包装在全球占有很高的市场份额，并持续保持良好的业绩。本图根据该公司的资料编撰而成。

等使用的金属外包装的最大销售商，其销售额毛利率达到了30%~40%（图 2-8）。而可以称得上业绩非常杰出的 EMS 全球最大企业富士康科技集团的销售额毛利率也不过是 2% 左右。

走高端路线的大制造商

可成科技公司于 1984 年创业。12 年间，销售额增加了约30 倍，2011 年销售额达到约 359 亿台币。该公司在中国大陆和中国台湾地区都设有工厂，从业人员超过 3.5 万人。主营业务是向 ODM 等企业供应金属外包装，产品上不标注自家品牌，完全给各企业做后盾。

"销售价格不降"（可成科技公司 VP，Corporate Finance 的 James Wu）是可成科技公司销售额毛利率极高的原因。

理由主要有两个。第一，消费者越来越注重电子器材的外观。和苦于产品价格下降的日本电子器材制造商不同，美国苹果公司和韩国三星电子公司等世界级大型电子制造商"开始在产品的设计和高档感上展开竞争。而其中的关键配件就是质感上感觉比塑料等材质更高级的金属外包装"（可成科技公司的 James Wu）。全球各大电子器材制造商为防止产品的单价下跌，开始转变策略，其中一项措施是采用金属外包装，以展示产品的高档品位。

电子器材采用金属外包装的趋势在加快。可成科技公司的调查结果显示，2003 年的智能手机中，配金属外壳的仅为 7% 左右，而 2012 年达到了 50%（图 2-9）。笔记本电脑也是一样，2003 年金属外包装的笔记本电脑所占的比例约为 20%，而 2012 年超过了 50%。

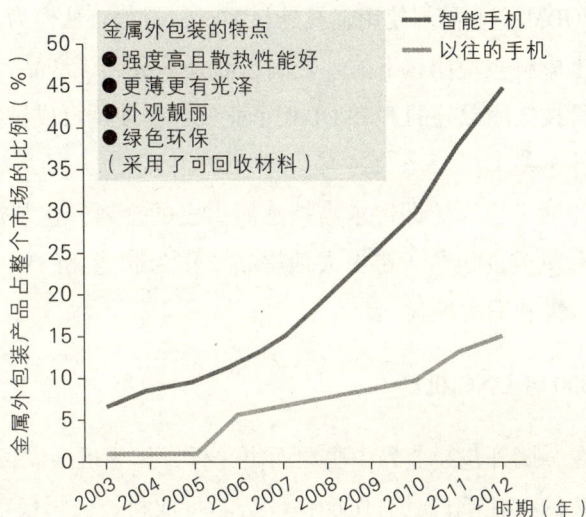

图 2-9　金属外包装开始流行

　　使用金属外壳的智能手机在 2012 年增长到 50% 左右。根据可成科技
公司的调查结果得出。

竞争企业少、具有垄断性

　　可成科技公司的产品很难降价的另一个原因是竞争企业少，
事实上已经实现了垄断。关于电子产品的金属外包装，"我们已
经和富士康科技集团旗下的外壳制造商中国台湾富士康科技的
两家公司占据了全球约 80% 的市场份额"（可成科技公司）。而
以下将要提到的必须大规模投资设备及技术难度大等原因，都
导致了其他公司无法进入该领域。

　　这里有一点很关键，就是竞争对手是富士康科技集团旗下
的企业。也就是说，EMS 世界级巨头富士康科技集团所接受的
委托生产的电子产品，理所当然地会采用旗下富士康科技集团
的子公司所生产的金属外包装。然而，当富士康科技集团以外

的 EMS/ODM 企业需要使用金属外包装时，就很难从作为竞争对手的富士康科技集团旗下的外壳制造商处购买到该产品。这样，富士康科技集团以外的 EMS/ODM 企业就都会使用可成科技公司的金属外包装了。

上述两个原因（即追求高档感所引发的金属外包装需求快速增长和供应商极少）都极大地提高了作为制造业的可成科技公司的销售利润水平。

14000 台 CNC 机器

和在金属外包装业界中脱颖而出一样，作为机床设备客户，可成科技的存在感也具有压倒性优势。可成科技公司仅在 2012 年就购入了 2000 台切削金属用 CNC 攻丝机（图 2-10）。并且，还在 2012 年对设备投资 2.5 亿~3 亿美元，其中约 2 亿美元用于 CNC 攻丝机。

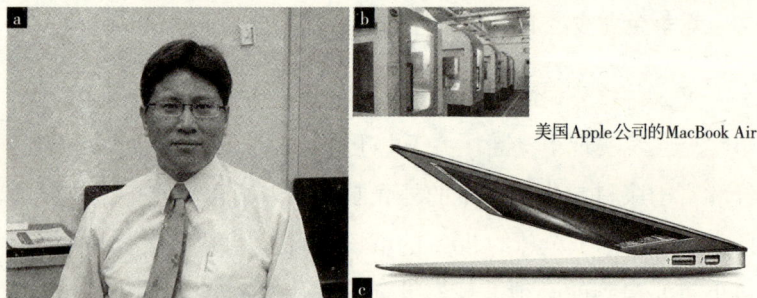

美国Apple公司的MacBook Air

（a）可成科技公司的 James Wu（VP，Corporate Finance）
（b）可成科技公司的 CNC 机器
（c）采用金属外包装的笔记本电脑

图 2-10 "2012 年一年引进 2000 台 CNC 机器"
可成科技公司在高市场份额的背景下，生产规模也远远超过了后进入该领域的制造商。（b）取自可成科技公司的资料。（c）摘自苹果公司的主页。

加上 2011 年年底前引进的 12000 台机床，2013 年初累计有 14000 台 CNC 攻丝机运作。机床的数量除富士康科技集团以外，已达到没有公司可以与之抗衡的规模。

可成科技公司从日本的兄弟工业购入 CNC 攻丝机。由此，日本制造商在机床领域的高水平技术也可见一斑。

一线精选案例分析

▶ 台湾 ASIA OPTICAL 公司（数码照相机）
转型生产高端轻便型相机的 ODM
2013 年中期推出无反光镜相机

"我们改走追求高附加价值产品的路线。今后中国台湾地区的企业再以成本去竞争的道路是走不通的。"台湾 ASIA OPTICAL 公司的董事长兼首席执行官 Robert Lai 致力于开展数码照相机等 EMS/ODM 业务。

ASIA OPTICAL 公司创建于 1981 年，因其光学镜头的技术过硬，除从事数码照相机的 EMS/ODM 业务外，还开发研制测距仪和投影仪等设备。2011 年销售额约为 8.62 亿美元，拥有员工 2.5 万余人。

源于数码相机的价格下滑

数码照相机的单价没有底线地下滑，迫使 ASIA OPTICAL 公司开始寻找其他出路，走高附加价值路线。ASIA OPTICAL 自

2001 年开始开展数码照相机的 EMS/ODM 业务。"当时,我们不仅制造最有优势的镜头产品,还在本公司内自行制造模具等产品。那时的数码相机价格适中,可以获得不错的效益"(Robert Lai)。

然而,以轻便型相机为主的数码照相机的单价正在急剧下跌。"我们刚开始从事数码相机的 EMS/ODM 业务时,600 万像素的 3 倍变焦相机的零售价格是 229 美元。和那时相比,2012 年 1600 万像素的 3 倍变焦相机的零售价格仅为 69 美元"(Robert Lai)。

包括 ASIA OPTICAL 公司在内,中国台湾地区的数码照相机专用 EMS/ODM 企业接到的多为开发制造中低端轻便型相机的订单。正因如此,其所受到的低价化的影响也更大。实际上,ASIA OPTICAL 公司在 2009—2011 年,连续 3 年在数码照相机专用 EMS/ODM 业务上陷入了财政赤字的困境。

打入数码照相机之外的市场

在这样的背景下,ASIA OPTICAL 公司于 2009 年对经营方针做出了重大调整,将以高端轻便型相机为主的机型高附加价值化作为目标。2012 年 ASIA OPTICAL 公司面向五家日本制造商开发和生产配备了 46 倍变焦和 36 倍变焦的高端机等产品(图 2-11)。"截至 2007 年,日本制造商都是在自己公司内部开发研制高端轻便型相机的。渐渐地,因为成本不合算,现在很多业务都由日本制造商委托给 EMS/ODM 企业去做了"(Robert Lai)。

图 2-11　今后追求产品高
端化

ASIA OPTICAL 公司今后
会加大对高端轻便型相机的投
入。制定了不易被卷入到价格
竞争中的目标。左边为 ASIA
OPTICAL 公司开发的 46 倍变
焦的高端轻便型数码照相机。
右边为 36 倍变焦的高端机型。

　　ASIA OPTICAL 公司在提高数码照相机附加价值的基础上
还采取了其他行动。之前可以称得上由日本唱独角戏的无反光
镜相机的试验样机于 2012 年"首次由中国台湾地区的制造商取
得了成功"（Robert Lai，图 2-12）。ASIA OPTICAL 公司内部研
制镜头所累积的成果成为早期研发的关键。购买无反光镜相机
的客户在购买了主体机后，很可能还会购买替换用镜头，这就
增加了镜头的重要性。ASIA OPTICAL 公司自 2013 年 6 月开始
就进入了无反光镜相机的批量生产，并在计划之初就有了交易
的迹象。高端化方针也让 ASIA OPTICAL 公司数码照相机专用
EMS/ODM 业务的收益好转起来。

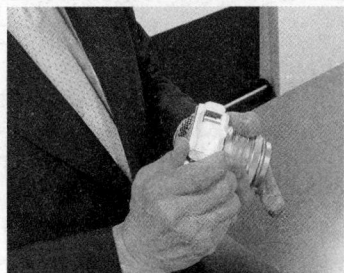

图 2-12　无反光镜相机的样机试
验成功

ASIA OPTICAL 公司的无反光
镜相机的试验样机取得了成功，并于
2013 年 6 月开始接受委托进行生产。
图中是无反光镜相机的试验样机。

　　由于持有镜头的核心技术，ASIA OPTICAL 公司也更容易打
入数码照相机以外的高附加价值市场。例如，在和智能手机等

便携式机器配合使用的微型投影仪的开发上取得了成功，并且已经开始批量化生产供货（图2-13）。

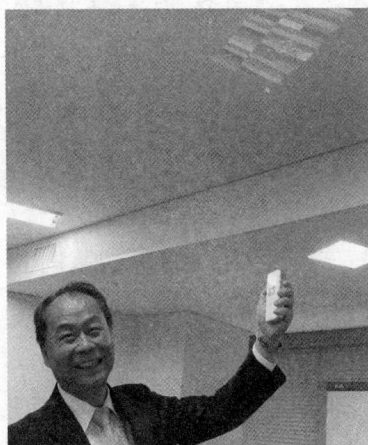

图2-13　由于掌握了镜头的核心技术，受委托生产的产品种类也扩大到了微型投影仪等产品。

公司董事长兼首席执行官Robert Lai用ASIA OPTICAL公司开发出的微型投影仪将动画投影到天花板上。

与日本和中国台湾地区的开发据点合作

ASIA OPTICAL公司还努力强化高水平的技术开发能力。高技术开发能力是瞄准高附加价值市场的关键所在。例如，为了提高数码照相机等产品的开发能力，ASIA OPTICAL公司在日本雇用了优秀的照相机技术人员。"特别是在日本，图像处理系统和自动对焦等技术水平很高。在与位于日本长野县冈谷市的开发中心和中国台湾地区的开发中心等处密切协作的同时，我们也提高了技术水平"（Robert Lai，图2-14）。

标榜高附加价值化的同时，ASIA OPTICAL公司还致力于削减成本，具体表现在加强中国以外的据点的生产能力。因为中国的劳动力成本一直保持高涨的态势，今后缅甸工厂将会成为承担ASIA OPTICAL公司核心技术（镜头）的研磨及实际组装作业的生产据点，扩大生产规模。"缅甸的劳动力费用为中

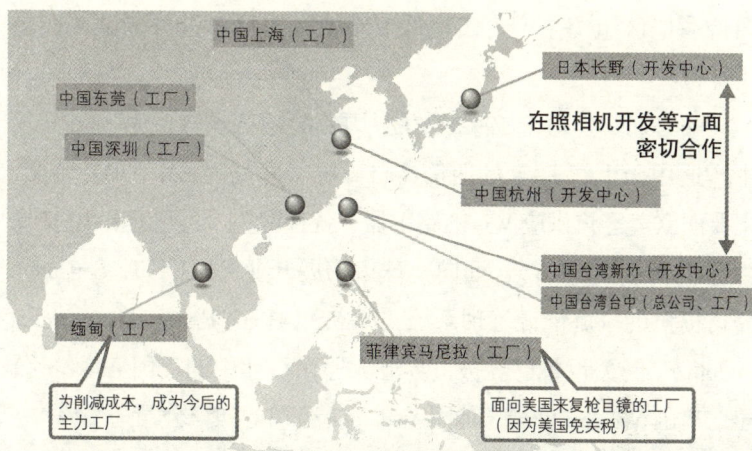

图 2-14　ASIA OPTICAL 公司的全球开发生产战略

在开发中，为提高技术含量，与日本长野的开发中心和中国台湾地区新竹的开发中心等处保持密切的合作关系。生产方面，今后将主要的生产据点设在人力成本只有中国大陆 1/4~1/5 的缅甸工厂。根据 ASIA OPTICAL 公司的资料编撰而成。

国大陆的 1/5~1/4。而且，中国大陆的人才流动性大，会影响到产品的质量稳定性。相反，缅甸的企业更容易留住人才。2012年，缅甸工厂中约有 5500 位工作人员，今后会增长至 20000 人"（Robert Lai）。

▶ 台湾 SerComm 公司（通信器材）
以中国的成本价格、日本的品质，将日本国内市场的销售额提高十倍以上

"尽管成本很低，但质量却无法让人满意"。很多技术人员都对海外的 EMS/ODM 企业抱有这样的印象。为解决这个问题，台湾 SerComm 公司采用了一种独特的方法，即在中国大陆和中

国台湾地区组织生产，实现低成本化，在日本进行测试并实施质量检查。

　　SerComm 公司于 1992 年在中国台湾地区设立，是一家开发生产适用于无线 LAN 的通信器材等电子产品的 EMS/ODM 企业，主要向欧美客户供应 Wi-Fi 路由器、各种网关、机顶盒和 IP 摄像头等产品（图 2-15），面向全球市场展开业务。例如，SerComm 公司提供的家庭能源管理系统"HEMS（Home Energy Management System）"网关设备已经被世界五大通信行业中的美国 AT＆T 公司、美国 Verizon 公司、英国 Vodafone 公司等四家公司采用[1]。

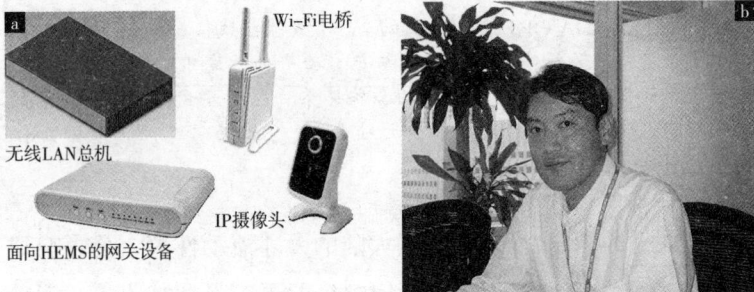

（a）ODM 开发的通用产品
（b）SerComm 董事长伊藤信久

图 2-15　制造适用于无线 LAN 通信机器的 SerComm 公司
台湾 SerComm 公司受委托开发制造 Wi-Fi 路由器、电桥、各种网关、IP 摄像头等产品。（a）源引自 SerComm 公司的资料。

----

　　[1] 欧美国家利用 SerComm 公司的 HEMS 网关设备，提供了家庭安全、智能家庭及能源管理等各种各样的服务。具体操作为离家后利用智能手机等工具，通过 HEMS 网关，对家庭内的安全进行管理。还可以通过查看 IP 摄像头拍摄的家庭内部状况，查看屋内老年人的情况，或者掌握住宅内的能源使用情况。SerComm Japan 董事长伊藤信久制定了今后与各合作企业协作"供应日本市场"的方针。

提供给日本市场的特殊服务

尽管 SerComm 公司在欧美市场的业务进展十分顺利，但在开拓日本市场方面却一筹莫展。为打破僵局，SerComm 公司于 2010 年 2 月设立了日本法人 SerComm Japan 公司。为打入日本市场，该公司采取了"在中国大陆和中国台湾地区组织生产，实现低成本化，在日本进行测试并实施质量检查"的策略。日本客户对质量方面的要求远高于其他地域的客户。为此，SerComm 公司针对日本客户提供了特别服务。

SerComm Japan 董事长伊藤信久说："中国台湾地区等海外的 EMS/ODM 企业一直无法在质量等方面达到满足日本客户的水平。"例如，中国工厂出厂的产品经常出现"标签贴斜了""本应标注为 Z-Wave 的规格名称却错写成了 ZigBee""盒子里没放 AC 电源""产品性能有问题"等情况。

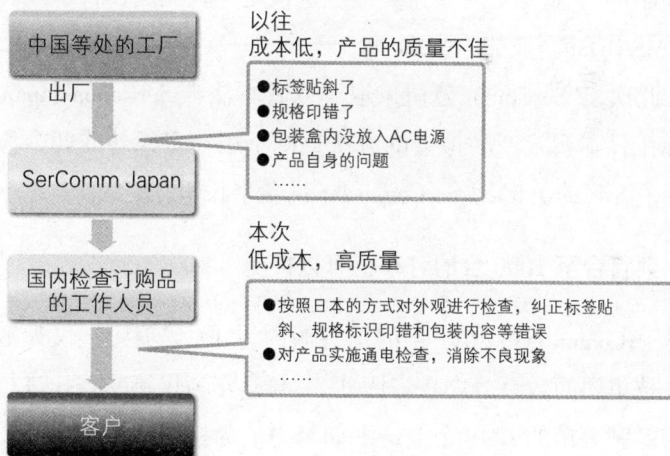

以往
成本低，产品的质量不佳
- 标签贴斜了
- 规格印错了
- 包装盒内没放入AC电源
- 产品自身的问题
- ……

中国等处的工厂
出厂

SerComm Japan

国内检查订购品的工作人员

本次
低成本，高质量
- 按照日本的方式对外观进行检查，纠正标签贴斜、规格标识印错和包装内容等错误
- 对产品实施通电检查，消除不良现象
- ……

客户

图 2-16　按照日本的方式进行检查，保证低成本高质量的产品

SerComm 公司对中国等处工厂生产的低成本产品进行日本式的检查，以提供给客户高质量的产品。

为了解决这些问题，SerComm Japan 采取了让日本检查人员对订购的产品进行日本式测试及质量检查等措施（图 2-16）。在纠正标签贴斜、产品规格印错及装箱错误等问题的同时，还会在日本对产品进行通电测试，消除产品自身问题后，再供应给客户。

不再花费额外的佣金

SerComm Japan 并不是首家采取在中国等处生产，再将产品运送到日本进行质量检查的公司，其他海外的 EMS/ODM 企业也曾做过这样的尝试。还有将从海外的 EMS/ODM 企业订购的产品运送到日本，请日本的技术商社进行测试的时候，"但因为不是自己的公司，佣金大多上涨了约 40%"（SerComm Japan 董事长伊藤信久）。结果导致客户承担的价格上涨，公司委托给海外 EMS/ODM 企业生产的收益萎缩。这也是一直无法在日本顺利利用 EMS/ODM 企业的原因之一。

此次，"SerComm 公司采取了以日本法人 SerComm Japan 为中心在日本实施产品检查的方法，既不用花费额外的佣金，也减轻了客户的负担"（SerComm Japan 董事长伊藤信久）。

数百台至 1000 台的订单也可以接受

SerComm 公司 2011 年的销售额约为 4.3 亿美元，仅为富士康科技集团的数百分之一。因此，"与其作为仅接受委托进行生产的薄利多销的 EMS 企业，不如努力成为接受开发和生产委托的 ODM 企业"（SerComm Japan 董事长伊藤信久）。实际上，整个 SerComm 公司有 500 多位研究开发工程师致力于设计开发等工作。

以在生产中从事开发工作的 ODM 为主的委托订单中，受委托开发生产的产品最低数量要少于 EMS 的生产数量。实际上，在台湾 SerComm 总部接受的委托中，每款设计的生产数量多为 50 万~60 万台。

而且，在日本，为了争取到更多的客户，"SerComm 公司的每款设计仅生产数百台至 1000 台产品"（SerComm Japan 董事长伊藤信久）。对于多品种少量生产通信器材的日本制造商来说，委托 SerComm Japan 生产相当于又多出了一种选择的余地。

日本目标客户的竞争力下降
采访 Si Foundry 大企业 UMC

UMC（联华电子）公司是接受半导体制造委托的 Si Foundry（晶圆代工）企业。随着专业进行半导体特别设计的无工厂化半导体制造商的兴起，其影响力也持续增强。其中，台湾 UMC 公司占据了 Si Foundry 市场约 15% 的全球份额，并于 2012 年 8 月发表了终止该公司日本法人 UMC Japan 的业务并进行清算的公告。就该决断的背景及今后的战略方向，笔者采访了 UMC 公司的首席运营官 W Y Chen（图 2-17）。

图 2-17 "今后将扩大汽车和产业机器用途方向的领域。"UMC 公司首席运营官 W Y Chen 说道。

之所以决定终止

日本法人，最重要的原因是本公司的目标客户——日本半导体制造商的全球竞争力下降。在 UMC 整体销售额中，日本市场所占的比率从 2002 年第二季度的 4% 下降到了 2012 年第二季度的 1%（图 2-18）。

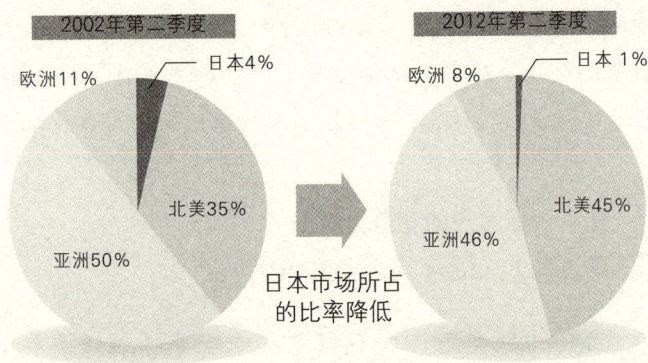

图 2-18　日本市场在整体销售额中的比例下降到 1%

各地域在台湾 UMC 公司整体销售额中所占的比例。日本市场所占的比例 2002 年第二季度为 4%，2012 年第二季度为 1%。根据 UMC 公司资料绘制而成。

　　此外，Si Foundry 业界所处的环境也发生了变化。引领半导体市场的应用媒介也从计算机渐渐转变为智能手机，并且美国苹果公司等少数大制造商对智能手机市场具有非常大的影响力。例如，在智能手机的半导体生产中，某一家特定公司的订购量就达到了我们整个半导体工厂（200mm 晶片）生产能力的 1/4~1/3。Si Foundry 企业必须时刻关注大型机器制造商的动向。

　　2012 年的设备投资为 20 亿美元，为了制造需求量正在增加的 28nm 和 40nm 两代的先端科技半导体，以扩大大口径 300mm 晶片工厂的能力为主进行投资。智能手机处理器等 28nm 的半导体需求量很大。自 2012 年第四季度开始进行一定规模的批量生产，2013 年起进行大批量生产。即使在尖端半导体的生产上需要投入巨额资金，我们也一定要一直站在尖端技术的前沿。如果做不到这点，客户将不断流失[1]。

今后我们将拓宽汽车和产业机器等生产领域。并且我们已经开始和欧美的汽车专用零件制造商有了贸易上的往来。欧美的制造商比日本的制造商更开放。当然，我们也非常愿意以开放的姿态和日本的制造商进行合作。

截至 2013 年 3 月，Covalent Silicon 实现单月盈利
采访晶片大企业 SASP 公司

日本 Covalent Materials 公司是由东芝陶瓷于 2006 年通过管理层收购（MBO）而来。该公司于 2012 年 3 月末将营业持续亏损、已经陷入业绩困境的硅晶圆业务 Govalent Silicon 公司转让给 SAS（Sino-American Silicon Products）公司。SAS 公司收购 Govalent Silicon 公司的目的何在，又将采取怎样的举措重振该公司？针对这些问题，笔者采访了 SAS 公司董事长 Doris Hsu（图 2-19）。

收购 Covalent Silicon 公司可以说是 SAS 公司进一步发展壮大的最佳方案。1998—2011 年的 13 年，SAS 公司的销售额增长了 40 倍左右，大约为 225 亿台币。在这 13 年里，

---

[1] 为了加快尖端半导体技术的开发速度，UMC 公司与美国 IBM 公司合作，开发具备三维构造的 FET（场效应晶体管）的 20nm 半导体技术。通过和 IBM 公司共同开发尖端技术，达到缩短开发周期等目的。

(a)SAS公司President Doris Hsu

(b)简朴的公司风气(SAS总公司办公室)

图2-19　利用台湾式经营理念，重振Covalent硅片业务

中国台湾地区的硅片制造商SAS公司收购了日本国内硅片制造商Covalent Silicon。SAS公司贯彻执行彻底的低成本化经营管理，利用台湾式经营理念，争取早日重振往日的经营业绩。

即使经历了2001年的网络经济泡沫和2008年的金融危机，SAS公司也一次都没有陷入到赤字的危机中。

SAS公司在2008年考虑今后的发展方向时，拟定了A、B两个方案。A方案是建造新的硅片工厂。如果采用该方案，在销售额增长之前，需要投入相当多的时间和资金。经过深思熟虑，该方案最终并未被采纳。B方案是收购优秀的公司。通过收购，能够迅速获得可用资源，时间方面的优势也更明显。此外，在资金方面，B方案要比需要购入新制造设备的A方案划算得多。当时，包括半导体硅片业务部在内的可供收购的公司有三家。最终之所以选择收购Covalent Silicon公司，首先是因为日本的工程师非常优秀，而且日本和中国台湾地区在文化上有相似之处。公司职员都认真勤勉、尽职尽责，且对公司抱有责任感。

为尽快实现盈利，Covalent Silicon 提出了四个 2012 年度的目标[①]。第一，与上一年相比，销售额增加 20%。第二，减少支出 20%。尽管公司处于严重赤字的困境，但到国外的差旅费及娱乐费等花费仍然很多，应在可能的范围内进行削减。第三，削减 20% 的材料成本。这点可通过一起购入整个 SAS 集团所需的材料加以实现。第四，库存周期压缩到两个月的范围内。尽管当前 Covalent Silicon 仍处于赤字状态，但赤字额正在缩减。

---

① 收购 Covalent Silicon 后，2012 年 4 月初出席见面会的 Doris Hsu 和员工约定"SAS 不会卖掉 Covalent Silicon，将和其他分公司一视同仁"。为重振公司，其首先精简机构，将以往从经理到职工之间的 7~8 个阶层裁减到 4 个阶层（经理、部长、科长、职员），废除了执行人员和总部长的职位。

第 3 章
聚焦数字化车间：信息管理与机器运转

　　2014 年 3 月 5 日，在日本东京都内举办的工厂相关大会 "Factory 2014" 上，关于新一代使用互联网的工厂技术体系的讲演，吸引了超过 400 人的听众（图 3-1）。工厂导入的所有机器（物件）均运用了与互联网相连的"物联网"（Internet of Things，简称 IOT）技术，从而使高度复杂的工作也能由设备本身自主执行，或者给予操作负责人更进一步的帮助。有听众表示，在没有熟练技术人员的情况下也能应对，这一点也非常重要。

图 3-1 "Factory 2014" 会场
2014 年 3 月 5 日，在东京·目黑雅叙园召开。聚集了 400 多名听众。

将必要信息给予需要的人

首先，美国 GE Interlligent Platforms 公司的全球市场部部长
Bernard Cubizolles 先生就美国通用电气（General Electric）公司
倡导的"工业互联网"问题进行了演讲，提出工业互联网的初
衷是基于以下事实：装有传感器的机器（智能化机器）正在不
断增加，工厂必须分析并解析这些机器传送出来的大量数据，
以尽早把握这些数据所代表的信息。将这些信息在合适的时间
传递给需要的人，不仅能提高业务效率，还能节省成本。

已经有很多机器可以连接互联网并获取数据。并且，利
用移动终端可以向任何地点的人提供信息。但是，仅有这些数
据是起不了什么作用的，必须从大量的数据中选出真正有用的
数据，并将这些数据交给需要的人，这就是工业互联网的初衷
（图 3-2）。

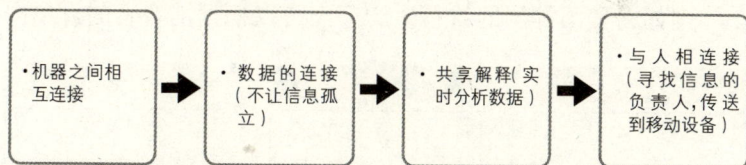

图 3-2　"Industrial Internet"中数据活用的发展过程
机器之间相互连接是基础，数据的分析和人的关联是最重要的。

如果能实现工业互联网，当工厂设备发生问题的时候，就
能将做好的应对方案及时通知设备附近的人。而且，由于能随
时出示与之相关的最新版的操作手册，可以避免因参考旧版操
作手册而导致的错误。

实现机器间的自律合作

接下来，德国的西门子（Siemens）公司工业自动化事业部副部长 Dieter Wegener 先生围绕德国"产业官方学术界一体"推进的"工业 4.0（Industrie 4.0）"项目发表了讲演。该项目描述了 2030 年前后的工厂：服务于产品开发、生产、服务现场的机器通过互联网取得交流，根据最新情况制订计划，然后付诸实施。工厂生产线实现的目标是：工件和生产设备通过实时交互信息和指令，采用最优化的方案实施加工程序。

与事先准备好详细计划再按部就班运行的方法相比，工业 4.0 的控制 / 管理系统是可以随机应变的。它可以在探察到最新状况的同时修改计划，然后操控工厂的设备。客户只要给一个大致的指令，细节的事情就能通过控制 / 管理系统自动地与机器交换信息之后来决定，这种运行方式也是有可能的。

例如，美国等国的饮料生产厂家可以根据消费者的订单内

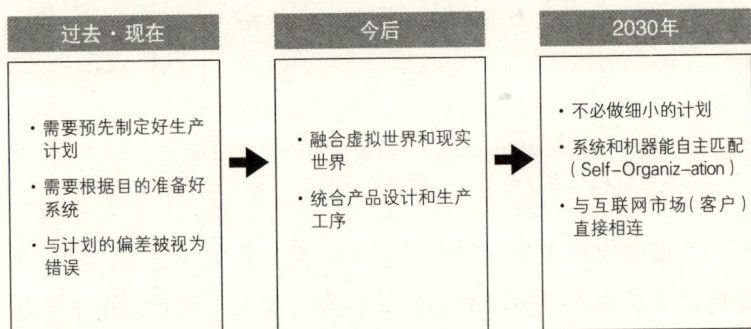

过去·现在	今后	2030年
· 需要预先制定好生产计划 · 需要根据目的准备好系统 · 与计划的偏差被视为错误	· 融合虚拟世界和现实世界 · 统合产品设计和生产工序	· 不必做细小的计划 · 系统和机器能自主匹配（Self-Organiz-ation） · 与互联网市场（客户）直接相连

图 3-3　Industrie 4.0 的路线（规划）
着眼于 2030 年前后的远大计划

容，在其生日宴会上的饮料外包装上粘贴印有照片的标签。工业 4.0 让这种服务更加方便实施。消费者只要通过互联网选送照片，系统和机器就可以设定好程序，实施一系列工序，印刷标签并贴在瓶子上（图 3-3）。

灵活运用设计数据

为了实现这个目标，工业 4.0 要在系统内部构筑一个假想模型，可以同步控制现实中的工厂及信息。并且，这个模型和产品设计数据进行相互关联。不仅是工厂的生产，产品设计、生产准备等一连串的程序信息都会被纳入模型里，用于观察判断。

西门子公司的工业自动化事业部从属于工业部门，该部门旗下还有美国的西门子 PLM 软件公司。为此，"我们要让软件和硬件合作，让设计和制造合作，而无论哪一方都要拥有核心技术"（Wegener 先生）。

实现新世纪工厂的关键在于高速收集完整的数据，工业互联网和工业 4.0 都基于这样的考虑。现实中面临的课题是互联网错误和网络异常的安全保障，以及确保不同规格的机器之间能够相互连接等。在加速制造优秀产品、减少作业人员的作业危险、从过于繁重的劳动中解放人力等方面，工业 4.0 是非常有意义的，有望在发达国家率先得到普及。

第 4 章
把握新商机：将"款待制造"做到极致

潮流的变化

▶"硬件＋服务"：配合互联网技术彻底为客户服务

统管美国通用电气（GE）公司工业互联网相关业务的 Bill Ruh 先生（GE Software 公司副总裁）在 2014 年 11 月召开的说明会上强调，"目前正处于爆炸性地普及工业领域和商业领域互联网的前夜。这与 1997 年前后，互联网改变消费者行动的状况如出一辙"。"现在，互联网在工业、商业领域，很大程度地改变了企业的生存方式。"经由互联网提供与工业机器相关的各项服务的 GE 公司如此认为。

大量的工业机械与互联网连接之后，不仅每一台机器的动作都能零浪费智能化，由机器组成的系统也能智能化。并且，由系统支持的工厂、发电站、医院、交通枢纽等单位的运营也能得到强化，即用最小的成本和最少的能耗实现各种各样便捷的性能［图 4-1（a）］。

随着移动互联网的普及，消费者无论何时何地都能从互联网上获取信息。与此同时，面向消费者的互联网网上购物、通过社交媒体进行交流等活动也已经成为家常便饭。但在 1997 年

（a）工业领域的500亿台机器连接到互联网之后的世界

（b）可联网的机器市场

	消费者领域	商业领域	工业领域
推进要素	连接到互联网的生活	同客户的交流 职工的生产率	优化资产和运营 职工的生产率
适用的领域	个人 看护 住宅 自动化 社会领域	远程信息处理 双向零售 提高医院效率 建筑自动化 智能城市	监控分析 实时操作 基于状态的维护（CBM） 生命周期管理
连接机器的数量 （2025年）	160亿个	120亿个	170亿个

图 4-1　工业互联网的可能性

（a）如果工厂、发电站、医疗机关、交通机关等中的500亿台设备加入互联网，制造业的生存方式将会发生根本性的变革。（b）改变消费者生活方式的互联网，引发了工业领域和商业领域的大变革。

出自：美国通用电气公司

只有一部分人预见到了这一变化。

工业领域和商业领域也正在兴起同样巨大的变化［图 4-1（b）］。而且，"与面向消费者相比，这次面向制造业的机会更大。"GE Software 公司 Bill Ruh 先生说道。

日本国内的制造商也积极响应

　　工业机械连接到互联网之后，工业机械制造商可以提供给客户的便利是前所未有的。比如定期检修等售后服务，所有客户都是按照相同的清单执行操作的。"过去的检修方法对于高负荷运转的客户和几乎无负荷的客户基本没差别，都一律以相同的时间间隔检修。"IHI 高度信息管理总部部长、执行董事村野幸哉说道。

　　如果能在线观察机械的运转情况，就"可以向客户提交真正需要检修的计划"（村野幸哉）。这样就可以为每一位客户提供更加细致的服务。而且，如果事先发觉机械故障的先兆，就可以提前进行零件的替换和修补。客户如果能规避这些意外的

图 4-2　利用互联网的机床厂商提供的服务
　　"JIMTOF 2014"展出的西铁城精机的展台。正在展示的是，将在客户处运行的机床连接到互联网上，为客户提供各种各样的服务。

故障，就可以减少因为损害和修复而花费的费用。

在 2014 年 10 月末至 11 月上旬召开的第 27 届日本国际机床样品市场"JIMTOF 2014"上，最受人瞩目的是安置在客户处的机床能够通过与机床制造商在线连接来接受极其细致的维修等服务（图 4-2）。在工厂里，机床应该是最先与互联网连接的机器之一。

会场中进行大面积展示服务的还有西铁城精机宫野股份有限公司（总部位于长野县御代田町）。其展示的是能够通过远程操作来维修客户处机床的服务"Alkart 操作系统"，比过去的远程监视又向前迈进了一步。当出现轻微的故障预兆时，可经由远程操作解决问题。

用互联网款待客户

使用互联网可以一并提供维修服务或者实施抢修故障措施。例如，根据客户的使用情况来微调机械的操作方法，可以节省耗电量及燃料，减轻客户的负担，帮助其推进事业发展。

此外，还可以对机械操作本身进行技术支持。小松公司在 2014 年 10 月开始销售的油压挖掘机"PC200i-10"和"PC210LCi-10"中设置了通过卫星定位系统实时监控挖掘机刀刃位置的功能。将该信息与施工设计数据进行比对，就可以控制挖掘机在整地作业时的位置和力度，不至于挖到工作面。"操作人员工作时既可以不必担心挖掘过度，还可以大幅度减少检测的工时"（小松公司）。

过去客户企业承担的在使用工业机械和设备时所负担的工时和成本，都相继转移到了机械和设备的生产厂商身上。这样一来，客户企业支付的成本比以往要低，生产厂商也能长期根据客户企业的具体要求去做调整。

在没有互联网的时代，机床制造商为了提高产品在客户企业中的价值，只能提高机械本身（硬件）的功能和性能。但是如今，通过互联网持续提供信息、软件及服务，能够最大限度地提升硬件的价值。对于制造商而言，只提供机械（物件）是不行的。当今时代，必须借着提供机械的机会，提早发现客户真正需要做的事并实现它。而能否将这样的"款待制造"做到极致，将在很大程度上左右今后的企业竞争力。

客户是否需要产品

客户真正需要的是什么？这一命题应运而生。尤其是工业机械，显然客户的最终目的不是拥有机械。工业机械只有在生产活动中发挥作用时，才能体现出价值。作为手段，企业不得不持有机械，或者说因为持有机械更有利，企业才购买机械，仅此而已。

由此可得出以下结论，即：无须让客户拥有机械，只需向客户提供机械的使用权即可。例如：德国的 Mercedes-Benz 公司的相关企业德国 Mergdes-Benz Charter Way 公司，取消了车辆销售和租借业务，开展了只提供运输的服务以及车辆的维修服务。根据情况有时还提供司机，参与客户的运送业务。他们转换了思维方式，即：客户只需要支付行车所需的花费。他们销售的不是卡车，而只是"行车公里数"。

换句话说，也可以称之为"商业模式的变革"。与其说他们是在过去业务的基础上考虑产品和服务，不如说他们在以提高客户的价值为前提，率先改革本企业的商务模式，重新审视提供什么样的服务，以确保较高的企业价值。波士顿咨询公司（BCG）分析称，"只依赖 4K 电视等硬件革新的企业，与为了提高客户价值而改变自身商业模式的企业相比，后者在之后的 10 年内，股东价值必定升高"（BCG 高级合伙人＆总经理太田直树）（图 4-3）。

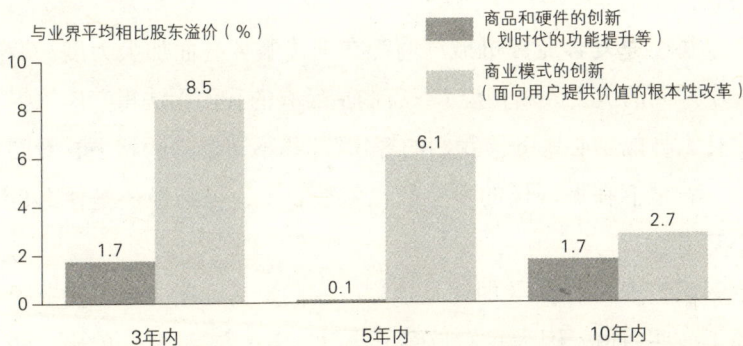

图 4-3　与产品创新相比，重新考虑能向客户提供什么。
　与产品和硬件的创新相比，重新考虑商业模式，即"款待"客户的方法，将会长期增加企业的价值。

　　这里所说的商务模型变革就是"款待制造"。厂商的终极目标将转变为"款待客户"。"提供优质机器"只是其中的手段而已，并不是终极目标。

转变为客户本位的思考模式

　　对于以往以"提供优质机器"为目标的众多制造商来说，改变这种思考模式很难。开发机器的时候，其出发点也是尽量满足客户的需求。但是，除非一种产品能够大量生产，否则产品都会按照大致满足大多数客户的平均需求来规划，而不会考虑特殊客户的需求。

怀有这种"提供优质机器"的想法，即使将机器联网，也很难知道能为客户再做些什么。前面讲到的"JIMTOF 2014"，将联网功能拿到展会上进行参考展出的厂商讲解员表示："不仅仅是监控和维修，我们应该还能为客户提供更多的服务，但到底是什么样的服务还有待确认，这次参加展出就是想听听大家的意见。"

每一家复合业务机械厂商都在强化服务方面加大力度，有一个厂商的负责人断言说"只有制造经验的我们无法得知应该提供什么样的贴心服务给我们的客户""我不知道的话就去看看同行，看他们在做同样的事一般也就放心了，可结果还是什么也不知道"。

该负责人还说："即使是这样，我们现在也在一定程度上摸清了一些门道，因为我们吸引了外部人士参与其中。"的确，联手熟知客户业界的合作伙伴是一个好方法 [①]。

有一个企业就用这个方法完成了业务转换，那就是压缩机厂商，德国 Kaeser Kompressoren 公司。其着手的业务不是向客户提供压缩机，而是提供压缩空气，根据压缩空气的使用量来计算报酬。因为客户真正需要的不是压缩机而是压缩空气。在这项服务实施的过程中，关键是要把握客户的情况。在客户处设置的压缩机系统，也是由服务内容决定的（图 4-4）。

接下来，我们将探讨互联网的应用并介绍站在客户的立场

---

① 实际上，"款待制造"的先行者是 GE 公司，该公司在不断地推进与客户的战略性合作。

过去　　　　　　　　　　　　　　　　　　　　　　　　今后

压缩机厂商开发/
销售优质的压缩机

↓

客户购买压缩机
（初期投资）

↓

客户实施运行管
理，设备管理

↓

利用生产设备的运
行生产压缩空气

制造商本位的思考模式

客户本位的思考模式

客户利用生产设备的
运输，生产压缩空气

↓

客户需求的不是压
缩机而是压缩空气

↓

压缩机厂商提供、
销售压缩空气

↓

运转管理、设备管理
由压缩机厂商负责

↓

设计符合客户要求
的最佳压缩机系统

图 4-4　从根本上重新思考应向客户提供的服务
　　德国 Kaeser Kompressoren 公司停止向客户销售压缩机，代之以向客户
出售压缩空气的业务。因为客户真正需要的不是压缩机而是压缩空气。

转换思考方法的先行企业的案例。

　　虽然服务和商务模式的重要性在增加，但也不能说硬件就
不重要了。前面说到的 Kaeser Kompressoren 公司的服务，针对
的只是节能的压缩机产品。优质的硬件是提高客户服务水平的
必然条件，就这一点来看，完善硬件的作用依然很重要。

一线精选案例分析

▶ 美国通用电气公司：飞机发动机 × 燃料费的改善支持
　促进飞机飞行效率的提高，察觉故障预兆，削减成本

　　仅 2014 年一年就节省了约 1000 万美元的燃料费——拥有

160 多架客机的亚洲最大廉价航空公司 AirAsia Group（以下称 AirAsia 公司）的首席执行官 Tony Fernades 先生非常满意通过与这位意外的合作伙伴联手所带来的成本削减效果。

这位合作伙伴就是美国通用电气公司（以下简称 GE 公司），世界上最大的生产民用飞机发动机的生产厂商（图 4-5）。该公司曾经向美国的波音公司、欧洲的空客公司等飞机制造商供应过飞机发动机。然而，GE 公司超越了飞机制造商的职能，向航空公司提供发动机的维修和保养服务，并致力于挺进运用软件的新型服务。

图 4-5　GE 公司的飞机发动机
拥有民用飞机发动机市场 5 成以上份额的 GE 公司，急速扩大服务收益。加上保养和零部件的替换，租赁等金融相关的收益也很大。

其代表就是"飞行效能服务（Flight Efficiency Services，以下简称为 FES）"。FES 收集了包括搭载在飞机上的发动机的运行情况、飞行员的飞机操作记录、亚洲航空公司总部所在地马来西亚的航空局和机场的信息，以及管制和起飞着陆时的飞行路线等多种数据。

GE 公司的团队使用独创的软件分析这些庞大的数据，用于探讨更加高效的飞行航线及航行方法。

例如，飞机的着陆路线。GE 公司的软件能够将进入滑行跑道前的现有标准路线与若干条距离更短的路线进行比较，找出最短的路线。

该软件能够显示出每条路线大约可以节省多少燃料并建立模型。航空公司和机场的相关人员可以在此基础上，探讨设计出切实可行的航行线路（图 4-6）。

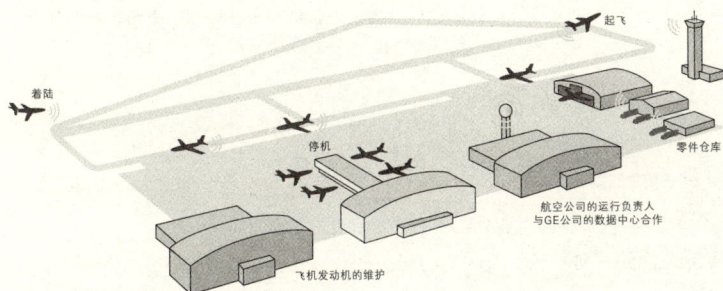

图 4-6　GE 公司面向航空产业的工业互联网示意

不仅能收集飞机发动机的相关数据，还能收集航空公司所有飞机的航运信息等各种数据。与航空公司共享信息，使用 GE 的软件平台"Predix"等来分析数据，为改善航运效率做出提案，实现燃料成本的削减。

分析 6000 万小时的数据

GE 公司飞机发动机部门解决方案责任总监 Sam Mallos 强调说，"全球航空公司的大部分都是我们公司的客户，我们收集了超过 6000 万小时的航行数据。因为分析了这样庞大的数据，所以我们对改善飞机航行效率的技术很有信心"。

据 Mallos 先生说，飞机航空成本的 40% 与燃料有关。因此，"只要改善 1% 的燃料费，航空公司就能获得很大的利益"（GE 公司）。

改善燃料费不过是其中的一个例子。GE 公司运用分析数据的技能，在及早发现飞机发动机的故障预兆、减少问题发生的课题上也下了功夫。

对航空公司的经营造成很大影响的是航班延误和航班取消。从 GE 公司的信息中可知，因为这些问题造成航空公司追加的维护成本，从行业整体来看，仅1天就高达大约4500万美元（图4-7）。

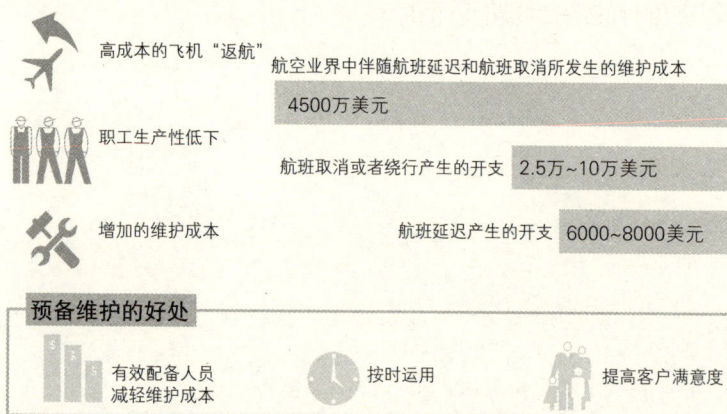

高成本的飞机"返航"

航空业界中伴随航班延迟和航班取消所发生的维护成本

4500万美元

职工生产性低下

航班取消或者绕行产生的开支　2.5万~10万美元

增加的维护成本

航班延迟产生的开支　6000~8000美元

预备维护的好处

有效配备人员　减轻维护成本　　按时运用　　提高客户满意度

图 4-7　无法预见的故障给航空业界带来的经济冲击

航空业界常会因为器材问题导致航班延迟或者航班取消，造成了莫大的损失。

于是，GE 公司想要通过预测分析，减少航空公司在飞机运行中出现问题的次数。为了提高数据分析能力，GE 公司还与擅长 IT 技术的美国咨询公司 Accenture 公司共同出资成立了 Taleris 公司。该公司运用包括航空业在内的各种各样的行业数据，提供咨询服务。

事前察觉发动机故障

分析数据时，会使用 GE 公司的"Predix"等故障预测软件。例如，从飞机发动机上装载的诸多传感器中收集飞机的飞行状态和维修时间等数据，检查是否有与通常举动不同的情况，从而诊断发动机发生故障的可能性。

当判断结果显示为高风险时，马上进行维修便可以在问题发生之前排除故障[①]。

以预知故障和削减维护成本等为卖点，Taleris 公司获得了很多企业客户。美国的美国航空（American Airlines）公司以及联合航空（United Airline）公司等 30 多家企业均在其客户名单上。

为了调用航空公司持有的大量数据，GE 公司与许多企业客户就共享各种数据问题签订了协议。因为很多数据属于机密信息，有令人担心的安保问题，GE 公司相继收购了几家软件企业用于强化安保。

远超一般制造商所涉及的领域，GE 公司甚至开始提供软件服务。不再固守"饼屋只卖饼"的硬件业务，通过服务为客户解决各种各样的烦恼促进了 GE 公司的进一步成长。

▶ 德国 Kaeser Kompressoren 公司：压缩机 × 压缩空气的销售
客户只需支付使用空气量的价钱，便可享受高效硬件带来的便利

在工厂里，作为动力源使用的压缩空气是由多台压缩机组

---

① 不仅仅是事前预测飞机发动机的故障，实际上，当发生航班延迟和航班取消的情况时，GE 公司还提供对航线有帮助的"决策辅助系统"。当遭遇大雪等恶劣天气的情况下，改变航线、燃料的补给场所、机组人员的配置等，用什么样的日程安排，能够实现更低的成本，GE 公司还提供这样的计算服务。

合的设备集中制造出来的。通常情况下，工厂会自己安装并运
行这个设备，但有家公司却改变了这个想法，选择让压缩机在
设备制造厂运转，再将压缩空气交给客户工厂。如此一来，客
户工厂只需交付压缩空气量相关的费用即可。这就是德国压缩
机制造商 Kaeser Kompressoren 公司开展的"西格玛·空气·公
用事业"（图 4-8）。

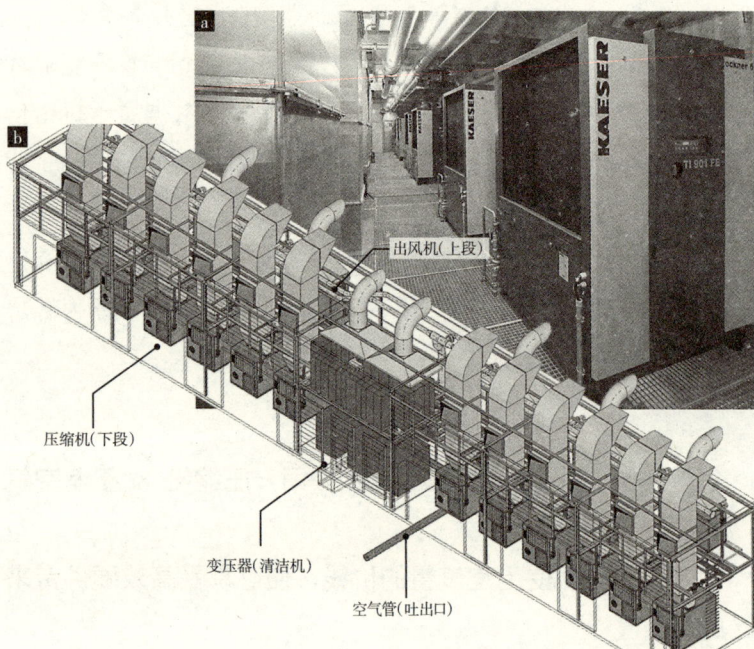

图 4-8　德国 Kaeser Kompressoren 公司在客户企业用地内设置了压缩
机系统
　　在客户工厂设置压缩机，再将制造出来的压缩空气销售给客户。（a）将
数台压缩机进行组合，以最佳效率运作，降低压缩空气的成本。（b）系统整
体构成。

　　客户工厂因此能够将与压缩空气相关的费用由固定费用转
为变动费用，并且不再需要因为引进压缩机而产生初期投资费

用了 [1]。

调查每个客户的使用模式

该公司将 $1m^3$ 的压缩空气定好单价，根据客户的使用量收取费用 [2]。其中，单价是根据客户使用的模式决定的 [3]。

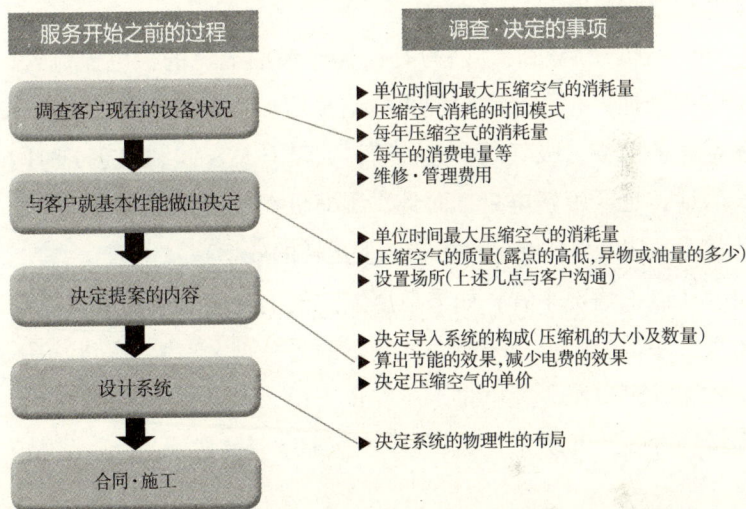

图 4-9　收取压缩空气使用量费用的"西格玛·空气·公用事业"
详细分析客户企业是如何使用压缩空气的，与客户就基本的性能达成共识后，在尽可能减轻客户负担的基础上决定压缩空气的单价。

---

① 在德国 SAP 公司软件的基础上，已经通过互联网实时把握在客户工厂里运行着的压缩机系统的运行状况，构建捕捉故障预兆并预先进行修理的 IT 系统。

② 压缩空气的最小使用量根据合同而定，使用量低于规定数量时，作为基本费用，客户仍需支付相当于最小使用量的费用。不过，最小使用量都会设定得比客户预想的使用量小。

③ 不是所有客户都能适用相同的单价。

为此，服务开始时，首先要做的就是掌握压缩空气的使用情况（图 4-9）。不仅要掌握压缩空气的总使用量，还要掌握一天或者一个月中，压缩空气的使用量随着时间或星期等因素是如何变化的。如果随着时间的变化，压缩空气的使用量变动较少或者变动模式比较稳定，就表示设备的使用效率较高，能够降低相应的费用。

压缩机在启动时，因为有被称作浪涌电流的大电流流入，所以频繁地停止和启动会使得耗电量增加。但是，没有消耗压缩空气的时候，吸气阀一直关着，启动马达（卸载状态）时间长的话，也会浪费电量。而且，压缩机在接近最大能力值的负荷状态下运转要比在轻负荷状态下运转的效率高。

从以上情况来看，如果在压缩空气消耗量较少的时间段关闭系统中的一部分压缩机，让剩下的另一部分在高负荷状态下运转，就可以减少耗电量。对客户来说，这是最佳的系统构成和运行方法，可以进一步降低生产压缩空气的成本。

在日本，电费也反映在合同中

如此，确认设备购置所需费用及设备运转和维修所需费用，并均摊在该服务合同规定的压缩空气的预计使用量中，在得出的"原单价"的基础上，决定压缩空气的单价。

日本法人 Kaeser Kompressoren（总部位于东京）的董事长河合仁先生说，这个单价通常比"客户现在负担的费用总和除以总的使用量之后的价格还要低"。此外，该公司的新型压缩机产品使用高效率马达也都是为了尽量抑制电力的消耗。

而由压缩机生产厂商自己负责设备的运转，更有可能提高运转效率。正是因为能够做到如此细致的控制，在前文提到的几种导致效率低下的因素之中，影响较小的因素才能被忽略和容许。相反，较显著的、效率低下的因素就必须防止。该公司同时使用了这些技能，所以才能向客户提供价格更低的压缩空气（图 4-10）。

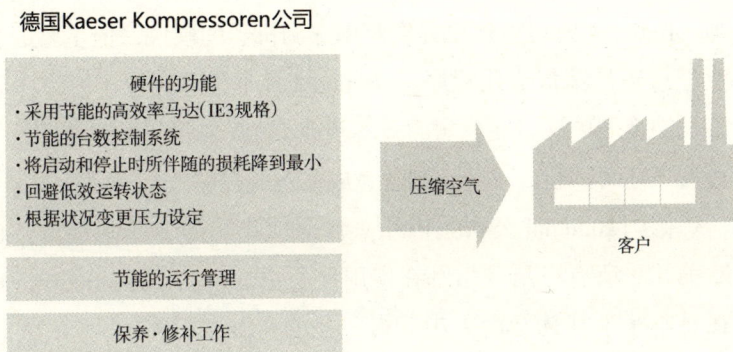

图 4-10　硬件的优越性促生了整体型的服务

原本硬件采用的就是节能设计。压缩机生产厂商不仅自己保修，还负责设备运行，势必能发挥设备的最大效率。

实际上，在欧美，同样服务的电费是由客户负担的。今后，在日本国内提供服务所需的电费也会先由 Kaeser Kompressoren 公司（总部位于东京）负担，然后反馈到合同费用中。日本实行自由供电之后，与提供较低价格电力的公司合作便成为可能。河合仁表示，"客户只需要按 $1m^3$ 压缩空气多少钱进行支付"，这样做"如果出了效率非常高的新产品的话，也就更容易向客户提出更新设备的方案"。其结果是提升了服务，提高了"款待制造"的能力。

▶ 德国 Rational 公司：商用烹调机 × 烹调程序
300 名原公司厨师参与程序开发，从客户角度，绝妙地掌控"火候"

"无论是开发阵容，还是营销人员，基本上都是原公司厨师。Rational 公司虽然也提供商用烹调机器的硬件，但主要的企业理念还是销售应用程序。"Rational 日本（总部位于东京）董事长纳土弘史说。在公司的开发基地，300 名原公司厨师反复进行着烹饪的试验，不断编制着完成菜肴的程序。

德国 Rational 公司是商用蒸汽对流烤箱的专业制造商。在欧美几乎所有三星餐馆都在使用该公司的产品。除此之外，曾在日本《米其林指南》中获得三星的"Quintessence"（东京）、"L' Osier"（东京）、"Edition 浩二下村"（东京）、"PONTE VECCHIO"（大阪）等著名餐馆、宾馆、医院、超市蔬菜卖场也都在使用其产品。

自动完成烹饪

蒸汽对流烤箱是利用热风和高温蒸汽加热烹饪食物的设备。Rational 公司产品的功能特征是，在放进食物之后能够自动完成烹饪。根据安装在该硬件中不同菜系的烹饪程序，为身为客户的厨师和烹饪负责人提供价值服务（图 4-11）。

该设备之所以能够自动烹饪，是因为热风和高温蒸汽会在设备内部一起循环，不会因为位置不同而造成受热不均。只要设定温度、湿度和烹饪时间，就能获得同等的烹饪效果。即使食材量有所改变，硬件也可以自动检测出来，延长烹饪时间，不需要烹饪师重新进行调整。

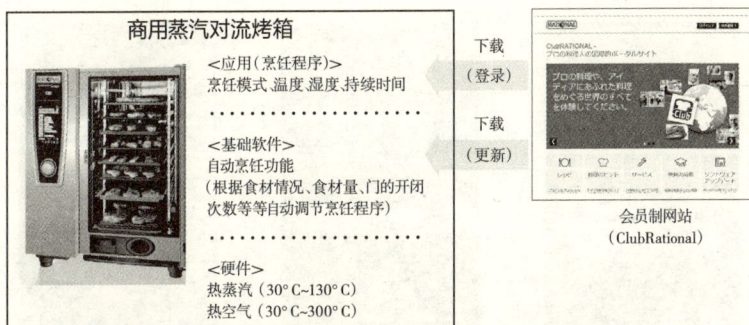

图 4-11　商用蒸汽对流烤箱 "SelfCookingCenter 5 Senses"

硬件（蒸汽对流烤箱）具备使用热蒸汽和热空气加热食材的功能。该硬件自动运行做好菜肴的烹饪程序对客户来说是有价值的。引进该硬件之后，不仅可以通过网站追加烹饪程序，基础软件也可以更新成与最新机型一样的功能。

而且，该设备还增加了同时烹饪多种菜肴的功能。该设备内部有 6~20 层架子，每层架子都可以烹饪菜肴。

餐厅接到点单时，即使前面客人的菜肴尚未烹饪完成，也依然希望开始烹饪下一单。而一旦将设备的门打开，将食材放进去，库内的温度就会下降。因此作为补偿，机器会自动延长烹饪时间，这样就能像没有开过门一样完成菜肴烹饪。这就是配合烹饪现场实际情况的调节功能。

由于具备这些功能，机器的操作变得极为简单。烹饪开始时，从设备前面的触屏式显示屏上的"鸡肉类""牛·猪肉类""鱼类"等菜单中选择类别，然后只需要给予调整烧菜火候等指示，设备就能自动进行烹饪（图 4-12）。

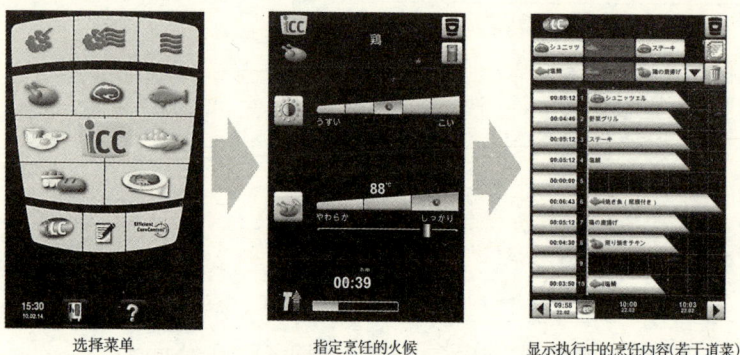

选择菜单　　　　　　指定烹饪的火候　　　显示执行中的烹饪内容(若干道菜)

图 4-12　机器的操作方法极其简单

使用时，在机器的显示屏（触屏）上选择菜单（左），对加热方法等稍作调整，烹饪就开始了（中）。这之后，在显示屏上会显示烹饪的状态（右）。可同时进行多个菜肴的烹饪。

完成情况全靠应用程序

支持这种自动烹饪的是不同菜肴的不同程序。该程序结合了烹饪条件和烹饪时间（图4-13），由300名原公司厨师开发而成。

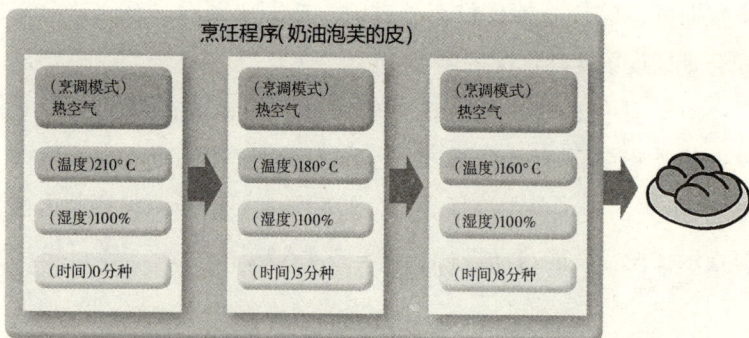

图 4-13　烹饪程序的内容

设定烹饪模式、温度和湿度的设定值、持续时间。负责开发程序的原厨师反复试验多次才确定出最佳值，并作为标准程序提供给客户。

烹饪程序会根据地区不同而有所变化。"例如，在日本销售的设备，其程序是在日本开发的"（纳土弘史）。地区不同，烹饪的方法也不一样。

当然，也可以利用其他地区的程序。开发的程序均在网站上公开，客户只需要在下载之后，通过 USB 内存盘安装到设备中即可。

也可以由客户厨师自主开发程序。由于可以将烹饪条件的详细数值输入到设备中，厨师可以根据自己的手艺微调标准程序来调整口味，并将调整过的程序上传到网站上进行信息共享。

此外，客户还可以下载控制设备基本功能的编辑软件。该公司 2014 年 6 月开始提供新版设备，"在此之前购入设备的客户，只需更新软件就可以获取和新型号设备相同的功能和性能"（纳土弘史）。因为硬件完全没有变只是改良了软件。

"德国总部表示，硬件已经达到了十分完善的境界"（纳土弘史）。当考虑一个完成度很高的硬件应以什么作为其价值时，他们并没有进一步改善硬件的性能，而是针对地方菜肴的烹饪程序，配合业务的实际情况提高了基础软件的功能，这是Rational 公司的优势。

▶ **栗田工业　水处理设备 × 节能运用**
不必只依靠定期检查，平时也可以把握使用情况抢先提案

"通过分析数据可知，冬季的供水温度即使低于现在，给水处理设备运转带来的风险也很小。试一试吗？"一个印刷基板制造商工厂正在使用栗田工业的水处理设备（图 4-14），而栗田工业是生产工厂设备的大企业。2013 年秋天，该工厂接受并讨

图 4-14　栗田工业水处理装置

栗田工业水处理设备面向半导体和液晶面板生产工厂等进行销售，占有很高的市场份额。这种装置安装了传感器，可实时收集数据。

论了来自栗田工业的提案，并且决定阶段性地实施这个提案。

在印刷基板制造商的厂房内，清洗精密电子零件的水处理设备起着非常重要的作用。用一种称作 RO（反渗透膜）的膜来脱盐，除去水中的离子。水温会影响水的黏度，随着温度下降，清洗能力将逐渐减弱。因此，冬季会产生用于加热水温的蒸汽设备的成本。

该工厂尝试逐渐降低水温，在检测印刷基板的质量之后，判断供水温度下降 5℃也没有问题。最终，冬季里用蒸汽加热水温的成本削减了 50%。因为是规模较大的工厂，所以估计共削减了数千万日元的成本。

水处理设备的"可视化"

实现成本削减目标得益于 2014 年 8 月栗田工业正式开展的"K-eco 维护服务"。其方法是，在客户企业引进的水处理设备中安装水质传感器。通过解析实时收集的在线数据和定期分析的水质结果，实现水处理运行情况的"可视化"（图 4-15）。

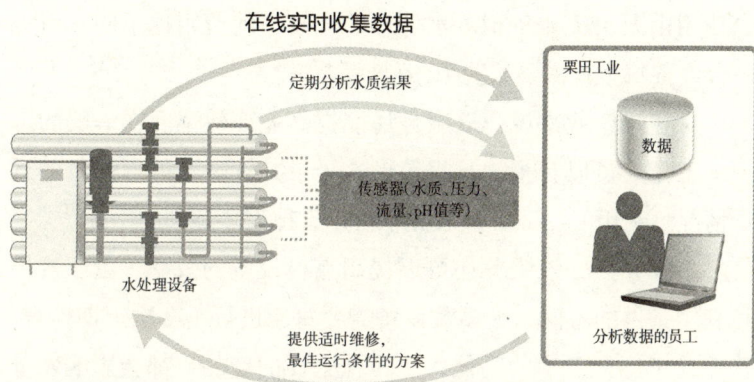

图 4-15　栗田工业新引进的水处理装置的维修结构

分析水处理设备上安装的传感器搜集到的数据。向客户企业提供节能和削减维护成本的方案。

包括前文说到的印刷基板制造商在内的许多客户企业，在了解预先检查的好处之后，决定启用该方案。截至 2014 年 12 月，已有十多家企业引进了该装置。

"对客户来说，水是透明的，有很多事情无从知晓。所以，身为水专家的我们通过搜集数据、分析数据，常常能在改善设备运转效率和降低运转成本中发挥作用。"栗田工业设备事业总部中野吉雅责任部长如是说。

K-eco 维护服务，是在客户企业利用的水处理设备（指 RO）中安装测量水质、流量、压力、pH 值等 5~10 个传感器。各个传感器收集到的数据可通过网络传送到栗田工业的数据库。栗田工业派专人使用单独的软件解析这些数据以及定期的水质分析数据，然后将分析结果传送给企业客户。

除此之外，栗田工业还提供了压缩水处理设备使用费的方案。在一般的维修合同之外，还可以与客户签署"运行情况可视化""节约成本方案"等特殊合同。在设备上重新安装传感器的费用由栗田工业负担。水处理的规模不同费用也不同,引进一台设备每个月需要花费 10 万日元左右。

对客户企业来说,该服务还能提高业务效率。在一般的工厂,工作人员以日报、月报等形式记录并管理水处理设备的运行情况。利用 K-eco 维护服务,可以省掉许多烦琐的手续[①]。

不仅如此,该服务还可以提高点检设备的效率。由于规模和利用条件的不同,大多数设备需要每年进行 1~2 次定期检查。然而,工厂开工率的高低,生产什么样的产品,都会影响水处理设备的状态。在定期维护之前不得不进行维护的情况,以及迟一些维护也没关系的情况都有可能发生。

根据状态进行维护

栗田工业认为,针对设备的状态——"状态基准"(图 4-16)

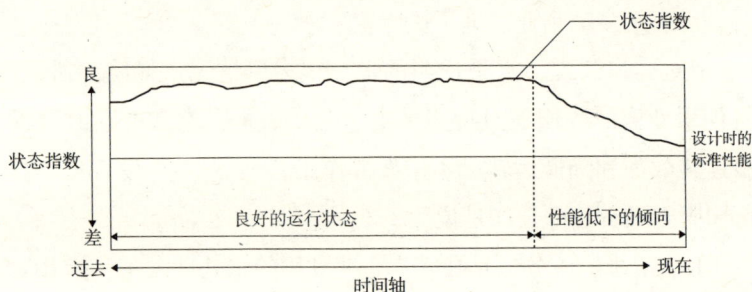

图 4-16 栗田工业的水处理装置

客户的不同使用状态会使数据发生变化,所以在把握反映设备情况(状态)的显示数值(指数)的基础上思考对策,会比定期点检的效率高。

[①] 栗田工业除了水处理设备这种硬件,还提供保修、管理、水处理相关的药品和供应超纯水等服务,实现业务扩展。服务相关的业务领域收益已达到了综合销售收入的 80% 左右。另外,还可提供将水处理设备安置在客户企业(设备所有者仍为栗田工业),根据超纯水的使用量计算费用的服务。

进行维护是有利于提高运行效率的。相对设计时的标准性能，运行状态的好坏由"状态指数"的指标来掌控。如果性能下降太明显，就会告知客户实情并判断为需要进行修理。

栗田工业从已经引进 K-eco 维护装置的某半导体工厂接到了状态指数急剧下降的通知，并开始调查原因。最后发现是微生物滋生等原因造成了反渗透膜闭塞。于是，工厂通过及时清洗 RO 膜有效防止了故障发生。

客户通过透明的水发现不了的问题，运用数据就能提早发现。改进服务提高了栗田工业的竞争力。

▶ IHI：工业机器 × 故障预测
保障开工率，进行故障预兆分析
集中投资横跨整个工业的通用软件领域

不想输给运用网络服务引领时代的美国通用电气（以下简称 GE）公司和德国西门子公司，IHI 高端信息管理统括总部长村野幸哉加大力量开发了监视系统"ILIPS（IHI group Lifecycle Partner System）"，用于监视船舶专用柴油发动机和火力发电用燃气轮机等该集团的各种产品（图 4-17）。

这位欧美重型电机巨人引领了各种工业机械的网络化运动。IHI 的燃气轮机发电工厂等业务，就在网络化中处于领先地位。客户通过收集安装在燃气轮机上的传感器传送过来的数据进行远程监控，并建立了及时应对、处理故障等问题的机制。

但是，IHI 的设备网络化是分业务推进的，设备投资重复且需要各自安排系统运行/维护的负责人。用于投资的资金也很有限，系统本身和海外的竞争对手相比课题还不少。

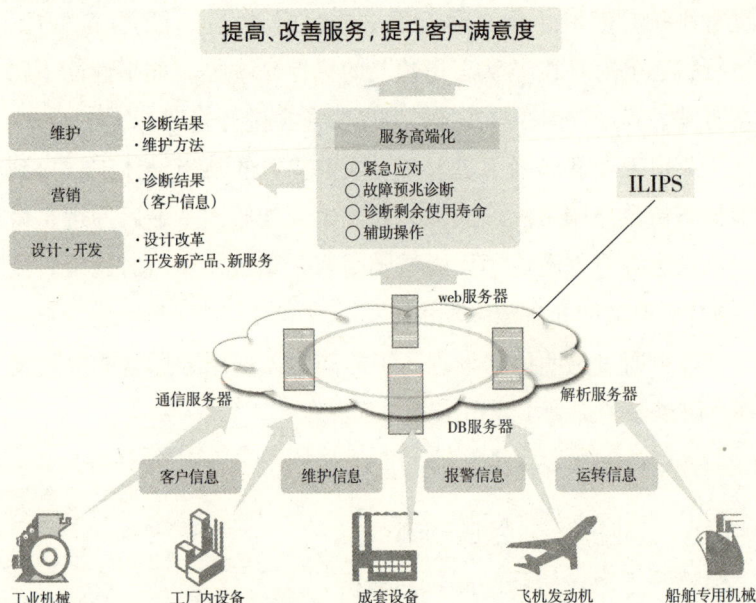

图 4-17　IHI 工业横断的网络服务

IHI 一直致力于每个业务设备的网络化。对这些设备进行一元化管理，旨在提高投资效率和设备性能。

于是，IHI 决定开发横跨几个业务部门的监视系统。IHI 认为，集中投资建设新一代系统可以加速提高服务水平，其成果可以供很多业务部门共享。

全部业务的 2/3 都适用

自 2013 年开始运行的 ILIPS，包括试运行阶段在内，以 IHI 的 10 个业务部门的客户为中心，已经有 100 多台设备引进了该系统。

针对通用锅炉和飞机发动机等 6 个业务部门的产品，已经进展到实用阶段。IHI 计划在全集团共同推广 ILIPS，超过 2/3

的业务部门都能适用。

"在通过互联网打通了网络环境后，通信费用急剧下降，无线技术格外发达。通信模块曾经是标价几十亿日元的机器，如今降到了几千万日元。"IHI 的村野幸哉在解释业务背景时这样说。

从客户的角度来看，具有收集、储藏、解析、显示等功能的 ILIPS 能带来什么样的优势呢？尤其值得期待的是大幅提高的数据分析功能。过去 IHI 的监视系统用于故障实际发生之后改善客户的应对效率和提高处理速度。

而 ILIPS 能通过分析安装在机器上的传感器收集到的大量信息，探知故障的预兆，提前进行预防。IHI 正在开发"预知故障诊断"的新的演算方法，而且已经在燃气轮机和船舶专用柴油发动机的一部分业务中推进 [①]。

运用数据改善燃料费的辅助服务也在展开。IHI 面向大型船舶专用发动机开发了综合支持系统"LC-A（Life Cycle Administrator）"。

IHI 比较并分析了优质运行和不良运行情况下的燃料消耗率。通过改变喷射燃料的时机、提高热效率来改善燃烧功率。接受此类指导，能够提高设备的运行效率。IHI 的方针是，不仅要在公司内部使用该系统，还要推销给其他的船舶马达制造厂商。

燃气轮机发电工厂里，通过分析网络收集到的数据，计算

---

① IHI 异常判断和故障预测主要使用 MT 法，这是一种将质量工程学理论与多变量解析相融合的统计学手法。IHI 在 MT 法中综合了工程师的智慧，根据安装在设备上的特定传感器传送的信息，准确地判断并预测故障。

零件的剩余使用寿命，还能向客户提供更换零件，以及在短时间内解决问题的服务。

分四个阶段提供维护服务

以 ILIPS 为核心的远距离监视系统的推进，也带动了客户服务水平的提高。IHI 致力于故障预兆分析的更新发展，计划进军"保障设备的运转率"等致力于户企业关注度很高的新型服务领域。

IHI 的维护协议服务分为四个阶段（图 4-18）。在基础的个别维护协议之外的综合维护协议中，可以追加故障预兆分析和零件的剩余使用寿命诊断等服务内容。

服务等级	维护协议	协议内容			
		定期点检	耗材	异常情况处理 保障运转率	CBM（根据状态维护保养）
基于数据分析的新技术				故障分析 故障预兆分析	诊断剩余使用寿命
1级 个别维护协议					
2级 综合维护协议1		○	○		
3级 综合维护协议2		○	○	○	
4级 综合维护协议3		○	○	○	

图 4-18 服务业务的分级
根据客户的要求，提供保障机器运转率及故障预兆分析等服务。

IHI 为什么急于举全公司之力强化服务水平？在飞机相关的业务中，发动机的维护业务会直接影响销售额的提高，IHI 也将该项服务视为主要盈利手段。同样，火力发电用燃气轮机，其服务业务的发展也势头强劲。

IHI 与 GE 公司进行了部分业务的合作。正因为 IHI 非常清楚 GE 公司的战略，所以 IHI 对于依赖硬件的盈利模式有很强的危机感。IHI 要想在全球的重型电机重组中获得新生，必须具备不输给欧美的服务能力，让客户变成忠实"粉丝"。

▶ **美国 Tesla Motors 公司：电动汽车 × 软件附加功能**
汽车像生命体一般学习、成长
经由网络不断给电动汽车附加新的功能

"不需要经销商维护，汽车也能不断追加新功能，这非常令人吃惊。"说这话的是居住在美国旧金山且持有美国电动汽车（EV）风险企业 Tesla Motors 公司 EV "Model S" 车型的某软件企业的领导。自 2012 年发售后不久，他便购买了 Model S，用于前往位于硅谷的办公室。

Model S（高档车型）从静止状态加速到 100km/h 只需要 3.4 秒，一次充电可以行驶 460km，这个性能令其备受瞩目（图 4-19）。通过互联网更新软件，将各种各样的功能添加进来的"进化能力"也使其得到了很高的评价（图 4-20）。

图 4-19　Tesla 公司的 EV "Model S"
　1 次充电可以行驶 460km 的 Model S 在美国、欧洲、中国等地的销售量正在增加。硬件的性能引人注目，经由软件更新，追加各种功能的"进化能力"也使其受到了高度评价。摄影：的野弘路

Tesla服务中心

·怠速功能(不踩油门也能一点儿一点儿前进)
·高速行驶时调高车身(车底盘不容易被东西刮蹭)
·坡道启动时的辅助功能(针对旧金山等坡道多的地区)

经由网络追加更新软件的新功能

图 4-20　运用 Tesla 公司软件的 EV 售后服务结构
通过互联网更新安装在 EV 中的软件。追加控制马达和减震器等硬件的新功能。

具有时刻联网功能的 Model S 可经由网络随时升级软件。3G 线路联网时的通信费用由 Tesla 公司承担。

"怠速功能"就是其中的一项服务。"怠速"是指 AT（自动变速箱）汽油车在不踩油门踏板时，发动机也会因为空转状态一点儿一点儿前进的现象。这一功能能够方便司机在堵车的道路上行驶。然而，由马达驱动的 Model S 当初并没有怠速功能。由于很多习惯驾驶汽油车的司机想要这个功能，Tesla 公司特意通过网络更新了软件，变更了马达控制的程序，追加了怠速功能。

追加坡道启动的辅助功能

特别令居住在旧金山的客户高兴的是"坡道启动的辅助功能"。在这个坡道遍布的城市，坡道启动是家常便饭。为此，Tesla 公司通过网络追加了无论上坡还是下坡，都能在脚从刹车踏板上离开的状态下实现马达自动运转 1 秒钟的功能。上坡时，为了不让车后退，马达起辅助作用；下坡时，为了不让车向前滑行，马达会进行逆转。

不仅是马达，减震器也在不断进化。Model S 经由网络添加了高速行驶时车身升高的功能。Model S 车身的下部安装有 85kWh（千瓦时）的大容量 2 级锂电池。

当然，电池组中附有保护结构，因为高速行驶时，车底部如果遇到石头等障碍物撞击会受到较强的冲击力，导致起火的危险性很高。

该功能于 2014 年 9 月通过软件更新得到进一步优化。空气减震器的设定随驾驶场所的变化而变化，能够自动调整车身高度。如果遇到高低不平的崎岖道路，Model S 便会记忆那个位置，控制空气减震器调高车身。

硬件和软件浑然一体的 Model S 的进化让客户着迷，令其享受到了过去拥有汽油汽车时体会不到的"款待"[1]。"每当软件更新时，一想到车会有所变化，我就很兴奋。"前面提到的 Model S 车主如是说。

正在加紧导入 Model S 的还有故障预防的功能。"我们通过网络监视车的状态。一旦发现故障预兆，就立即通知客户，必要时可派遣服务人员前往修理。"Tesla 公司负责销售和服务的副总裁 Jerome Guillen 先生说。

---

[1] 2014 年 9 月，Model S 追加了在汽车导航系统里提供"上班路线建议"的功能。一般的导航系统会导出最短的路线，但上班时间道路很堵的时候，情况就不一样了。Model S 能配合每时每刻都在变化的道路情况，提供能在最短时间到达目的地的路线，司机座位上安装的液晶显示屏上会弹出菜单显示。选择路线后，便可以开始导航。

当然，电动汽车正式成为量产车时日尚短，问题也时有发生，"是还有很多问题的不成熟车"（日本大型汽车企业高层）。Tesla 公司最大限度地运用网络和软件的力量，在加速故障应对、追加功能的服务体制上努力着。

软件已经更新 27 次

汽车像生命体一般学习、成长。自 2012 年发售以来，Model S 软件已经被更新了 27 次。尽管 Model S 售价高达 800 多万日元，订单却仍蜂拥而至，在全球范围内保持着良好的销售业绩（图 4-21）。

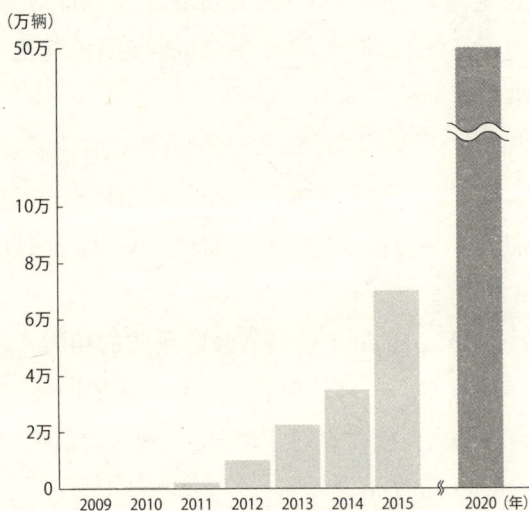

（万辆）

注：2012年之前的数据是推算的。2013年以后的数据是Tesla公司发表的业绩和计划。

图 4-21　Tesla 公司的电动汽车销量
全球范围内销售额激增。

"我们想通过电动汽车发起汽车界的工业革命"。Tesla 公司首席执行官 Elon Musk 先生的梦想，正在一点一点变成现实。

第二部分

魅力工厂的进化型组织架构

第 5 章
全球时代新生存方式——大房间合作制

本田的全球市场汽车开发体制发生了巨大转变。2012 年 4 月，本田位于日本栃木县芳贺町本田技术研究所的轻型汽车开发功能被转移到了轻型汽车生产据点铃鹿工厂（日本三重县铃鹿市）。将该开发功能成功转移到制造点后，接下来的方针是拓展到中国等发展中国家的制造点。

"在制造处开发"是本田的第一次尝试。本田技术研究所一直负责本田的新车开发项目，无论是在会计还是管理上，都设置了与总部完全不同的组织部门。该体制创建于半个世纪前，创建者为本田宗一郎。思想宗旨是"技术人员应以赤子之心面对与世间沉浮无关的技术"。

创业者可自行改变已有体制，因此对现在的经营阵营来说，毫无疑问奉行的是"一生一次"的决策。但是，本田如今有不得不回归过去的理由：必须正视动摇公司根基、影响公司存续的某种危机。并且，该危机不仅是针对本田，也席卷了日本的所有全球性制造商。

高性能不再是通用法则

要想理解该危机的本质，必须追溯到日本经济高速成长期。当时，日本的制造商选择了"按功能（工序）区分的组织体制"。以开发部门专管开发、制造部门专管制造的功能形式将组织加以区分，并在其中做出进一步细分，将产品的功能和工序按类别区分开。以汽车制造商为例，设置"制造部""营业部"等部门，并将开发部门按开发领域不同细分为"引擎""车体""内件"等类别。这种区分方式的优点在于"负责车门的技术人员专门负责车门，负责汽车后挡板的技术人员专门负责汽车后挡板，有利于公司培养专家型人才"，本田技术研究所常务执行人员坂内房尚指出了这一点。可以说追求产品功能的体制成为日本抢占全球市场最有利的武器。

然而，日本制造商所处的环境正在逐渐发生变化。致命的一击为2008年的次贷危机。全球市场的中心开始由发达国家转向发展中国家。而日本按照传统体制开发出来的高性能产品渐渐失去了优势，不再适应市场需求。发展中国家的消费者更倾向于购买物美价廉的中国或韩国生产的产品。这些正是真正的危机所在。

日本制造商的生存之道只有一个：比中国和韩国更快地提供能够满足新兴国家需求的产品，速度是关键。而功能区分型组织体制成了企业转型的绊脚石（图5-1）。按照不同功能区分的各部门间横亘着一道壁垒，如果不破除这道壁垒，就很难取得进展。

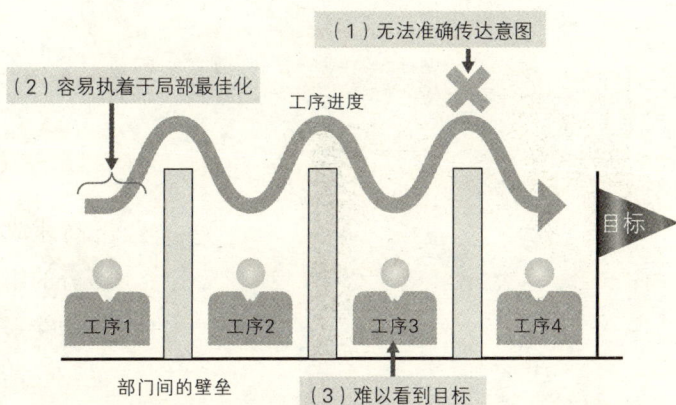

图 5-1　功能（工序）区分型组织的弊端

　　按照功能（工序）类别部署部门，易在部门间形成一道无形的"交流壁垒"，并由此产生三种弊端：（1）前道工序的真实意图难以准确传达给后道工序；（2）容易执着于局部最佳化，返工率高；（3）个人很难见到最终目标成果，积极性下降。

准备卷土重来的日本

　　"既然如此，就打碎这道壁垒吧。"有这种想法的制造商率先导入了"大房间合作"体制，即将几个部门集中到一处，提高处理业务的速度（图 5-2）。以更快的速度发挥日本擅长与客户沟通的优势，展示日本在海外制造商中的优势。这种想法可应用于与客户合作的产品开发阶段（参考第 128 页文章《R&D 所有部门合力解决客户的问题》）。

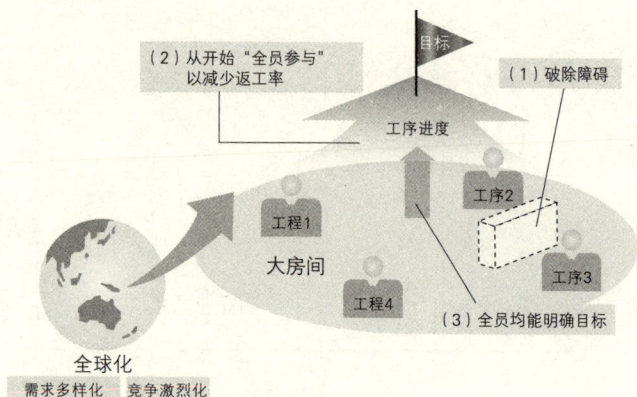

图 5-2　日本战略"大房间合作"

以上为日本企业的战略。将需要加快合作的相关工序集中在一处，以迅速实现目标。（1）消除部门间的障碍；（2）从开始就让全员参与其中，减少返工率；（3）易于明确目标。

实例 1：本田

▶ 将实现量产化的时长缩短了三个月

下面的照片展示的是铃鹿工厂"大房间"的情况（图 5-3），该工厂进驻了本田面向日本本土市场轻量型汽车开发制造相关的所有部门，包括设计、采购、生产技术、制造部门的方方面面。营销部负责人常常造访此处，由此构成了五个部门一体化的开发体系。

大房间的使命是及时将日本消费者需求的轻量型汽车供应给市场。通常，从开发到产品出库需要花费 3~4 年的时间，而大房间的合作方式可将该周期缩短 3 个月至 1 年。如果将铃鹿

图 5-3　与轻量型汽车设计和生产相关的四个部门被集中在铃鹿工厂内
　　铃鹿工厂是面向日本本土市场的轻量型汽车的生产据点。现今，新车的开发由原本位于日本栃木县的本田技术研究所转移至铃鹿工厂。

工厂作为范本，今后这种"大房间"模式将会扩展到发展中国家的企业中去。

　　尽管铃鹿工厂也是从 2012 年 4 月刚刚开始采取该模式，但本田已经获得了某种程度的成果。之所以这么说，是因为在做 2011 年 12 月开始发售的轻量型汽车"N BOX"的批量化生产准备时，通过实施短期的大房间合作方式，到量产化为止，共缩短了大约 3 个月的时间。N BOX 的成功成为此次本田开始改组的直接契机。

　　现在，让我们看看开发团队开发 N BOX 时体验到的大房间效果，以及大房间合作方式是如何帮助本田渡过危机的。

来不及完成的任务

　　与其说 N BOX 大房间模式是本田特意设置的，不如说它是由于东日本大地震的不可抗力而衍生出来的偶然产物。

　　2011 年 3 月 11 日，N BOX 开发团队所在的日本栃木县芳贺町本田技术研究所四轮驱动 R&D 中心受到了地震袭击，房顶塌落，损失惨重。而此时正值开发 N BOX 的量产准备初期阶段。为实现批量化生产，必须出模具设计图。而此时，计算机都被掩埋在废墟之下，以当时的状况来看是根本无法出图的。建成生产线的时间定为 2011 年 12 月。而由于经销商的强烈要求，N BOX 的出货时间已由当初预定的 2012 年 2 月更改为提前 3 个月出货。

"来不及了！"当时在场的人都这样想。可是研究所的营销部门却不这么认为——"如果不能在栃木出图，那就在铃鹿出图"。

震后第二周的星期五，现任本田技术研究所四轮驱动 R&D 中心铃鹿分室室长今町真浩接到上司通知，他被任命为此项目负责人，在工厂内实施项目。

地震衍生出来的"疑似大房间"

震后第二周的周一，今町技术团队（大约有 250 位技术人员）聚集到了铃鹿工厂。不仅是开发团队，还有采购和生产技术部门的人员也都从栃木赶到了铃鹿。从客观角度很难接受这么多人在一个大房间里办公，但几个部门却马不停蹄，在相邻的房间里建立了开展工作的"疑似大房间"体制。

运用该体制开展工作时，今町注意到了一件事：工作比在栃木时进展得更快。

以进行批量化生产准备为例。"目前来看组装方面有困难，希望能再改进一下"，制造部门提出的请求一反映到零件的设计部门，相关人员就马上对零件的设计图进行了更改，更好地实施了设计变更。而在栃木时，设计部门需要先和铃鹿的制造部门通过邮件和电话沟通协商，变更一处设计大概要花费一周的时间。搬到铃鹿以后，设计人员可随时前往生产现场，在实物和事实前与制造部门进行探讨。决断权也由栃木转移到了铃鹿，一天就可以完成必要的设计变更。

如此快捷的回应，"让制造和生产技术双方的意见可以尽早反映到图纸上。返工问题也减少了很多"（今町真浩）。最终，原本认为来不及完成的 N BOX 量产任务赶上了 2011 年 12 月量产启动时间。

在发展中国家赢得胜利的途径

将大房间合作体制引进发展中国家等海外生产据点，迅速供应满足各个消费地需求的产品已成为本田在全球市场持续发展的新战略。图 5-4 将本田汽车自研究开发阶段至量产阶段的体制，根据以往和今后的发展方向做出了比较。

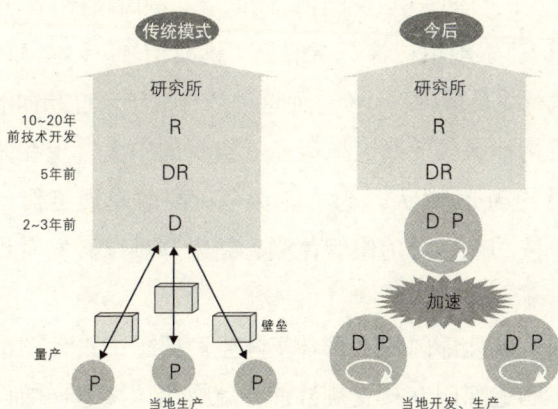

图 5-4 即时应对多样化需求的本田战略
本田技术研究所的技术开发水平大致分为三个阶段。10~20 年前开始着手技术开发的 "R 阶段"、5 年前的 "DR 阶段"、2~3 年前的 "D 阶段"。以往，所有阶段均在研究所内实施。仅生产环节在消费所在地实施。如今，D 阶段已顺利实现当地化，可尽快将消费地的需求反映在产品上。

以往，从 2~3 年前开始的新车开发（D）阶段起，向前追溯到 5 年前的研究开发（DR）、10~20 年前的重点技术研究（R）阶段为止，所有的技术任务都是在本田技术研究所实施的。也正因如此，在必然产生密切磨合的 D 阶段与量产（P）阶段间，产生了妨碍工作进程的障碍。如今，一直由研究所负责的 D 阶段转移到了各个消费地的生产据点，成功解除了这道屏障，调整为能够迅速回应当地需求的体制。

这一体制符合本田宗一郎的"技术人员应以赤子之心面对与世间沉浮无关的技术"的思想。需要花费长时间进行研究开发的 R 和 DR 阶段仍在由栃木方面负责。

流失的本田精神

在全球市场中持续发展是大房间合作体制的"表面目的"，其更深层次的目的，是让年轻一代重拾"本田精神"。这里所说的"本田人""本田精神"指的是"挑战精神"（本田技术研究所常务执行委员坂内房尚）。而这种精神数年来已趋向淡薄。

挑战精神缺失的最大原因在于组织的扩大。现在，研究所从业人员约为 8000 人。为了能让全员高效率地工作，研究所也构筑了按功能区分的组织体制，结果却难以激发全员的挑战精神。

例如，设计部门将不符合实际生产要求的设计图纸交给制造部门。制造部门在接受挑战前，就提出"按这样的设计图纸无法实现生产，需要在设计上做一些更改"，而设计部门却坚持己见，"就照这个做！不用再改了"，根本不想再做任何努力。"从前组织的规模小，部门与部门之间没有隔阂，工作量又不大，尚有挑战的余地。现在就不行了"（坂内房尚）。

从这点来看，大房间合作制或许能够有效解决这一难题。大房间中，部门之间容易沟通，针对一件事可以集中所有人员的智慧共同解决，从而有效节约时间。

提升技术人员的水平

无论从组织的层面还是技术人员个人的层面来看，大房间合作制都易于激发人的挑战精神（图5-5），拓宽个人的业务领域。例如，开发负责人有空时，可以去生产线学习制造工艺。2012年4月，在铃鹿最先开始启用的大房间中，"每个人都拟订了提升自身能力的计划"（铃鹿工厂事业管理部主任技师川崎隆司）。

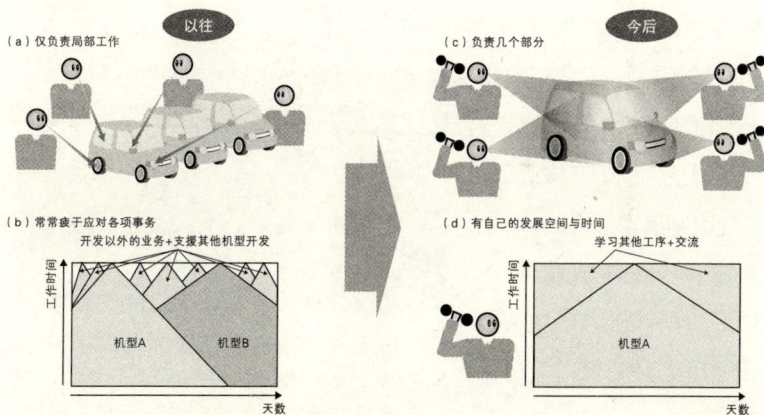

图5-5　培养年轻技术人员的挑战精神

（a）至今，处于开发（D）阶段的技术人员有各自负责的汽车部位（车门、后挡板等），虽然专业化，但也存在眼界不开、易陷入局部最佳化的弊端。（b）并且，每位技术人员同时需要应对几个机型，通常十分忙碌，没有多余的时间进行交流沟通。（c）今后，"大房间"体制的推广，不仅能拓宽技术人员所负责的领域，还能提高个人的技术能力水平。（d）在大房间中，每次需要处理的机型数量减少，也给技术人员留出了发展个人能力与沟通交流的时间。

青年一代的成长是本田成长的源泉。本田认为，在竞争激烈的全球化时代，传承挑战精神对于实现永续经营而言必不可少。

实例 2：SNOW PEAK

▶ 每名开发人员的年开发商品数量成倍增长

SNOW PEAK（总部位于日本新潟县三条市）是一家从事开发、制造和销售户外产品及服饰产品等的制造商。2001 年，其开始对以欧洲诸国、韩国为主的亚洲和大洋洲地域出口产品，海外市场规模不断扩大。SNOW PEAK 在整个公司内部实施"大房间合作制"以实现部门间的联合。

大房间位于该公司于 2011 年 4 月在日本三条市一个绿树成荫的山顶开设的"SNOW PEAK HEADQUARTERS①"（图 5-6）内。在这里，办公桌排列在一起，开发、制造、品质保证、采购、

图 5-6　总部的所有部门被集中到 SNOW PEAK 大房间里

商品的开发、采购、品质保证、制造、营销等所有部门聚集在一起，全员均能切身感受到"当下"的市场。

① SNOW PEAK HEADQUARTERS：整体面积约 5 万坪（约为 165000m²）。有宽阔的露天场地，工厂和事务所设在同一建筑物内，相邻的楼内设有直营店。

总务等所有部门都在这里办公。大房间内有两条规定：(1) 不能和相同部门的同事坐在一起；(2) 不能坐在与前一天相同的位置。现在，无论哪个部门出现了什么情况，大家都能立即知晓。

走路都能开展工作

大房间合作制发挥的最有效的功能，是开发者每人每年开发的产品件数较从前都实现了成倍增长。例如，开发部开发室经理林良治早上上班时，还未走到自己的座位，就已经被其他部门的同事叫住三次，讨论之前的某件事。"现在的办公室简直就是'工作的集合场'，连走路都能捎带处理一些工作上的事务"（林良治）。

大房间合作制还对开发部的内部工作做出了贡献（图 5-7）。SNOW PEAK 的工作人员不仅是本公司产品的创造者，同时还是使用产品的客户。根据大家提出的意见对产品进行改进是一项创举，能够极大地促进产品的开发工作。而正是大房间提供了这些优势。例如，当各部门分别在各自的办公室内埋头工作时，其他部门的工作人员几乎没有机会见到开发中的试验样品。而

图 5-7 公司成员都是产品的"客户"

SNOW PEAK 生产户外产品。员工们有空闲时，也会成为户外产品的"客户"。将大家的客户体验总结到一起，会给开发人员带来很多灵感。

现在，试验样品一送到开发人员的手边，感兴趣的人自然就会围过来，提出各自的建议。

"这种合作模式应该在业界推广，它能极大地提高企业的竞争力"（林良治）。

R&D 所有部门合力解决客户的问题

在大房间合作制的基础上，富士 XEROX 公司还提出了让客户参与产品开发的策略。富士 XEROX 在集中了研究开发部门的网点还设立了便于与客户合作的场所。

富士 XEROX 自次贷危机前的 2006 年起就已经开始有了危机感。除了向新兴国家市场进军之外，针对发达国家的需求，业务也开始从以复合机、打印机等"实物"为中心向以包括网络等基础设施、服务在内的"事务"为中心转型。

这两大转变让富士 XEROX 决定对开发体制进行变革。停止按照"复合机开发""打印机开发""软件开发"等产品或功能分门别类设置开发网点的体制，而将所有相关人员集中到了一起。具体措施体现在 2010 年 4 月在日本横滨的横滨港未来 21 设立的"富士 XEROX R&D 广场"。

R&D 广场集中了除生产技术以外的全部研究开发部门（图 5-8）。将多种多样的知识和技术集结在这里，意在通过相互组合的方式，衍生出前所未有的商品及服务。

只是简单地集中到一处效果并不大，必须采取某些措施让各部门之间积极地进行交流与合作，并且，合作交流的结果必须满足客户的需求。做不到这一点，就难以成为向企业客户提供课题解决手段的供应商，在全球竞争化的时代生存。

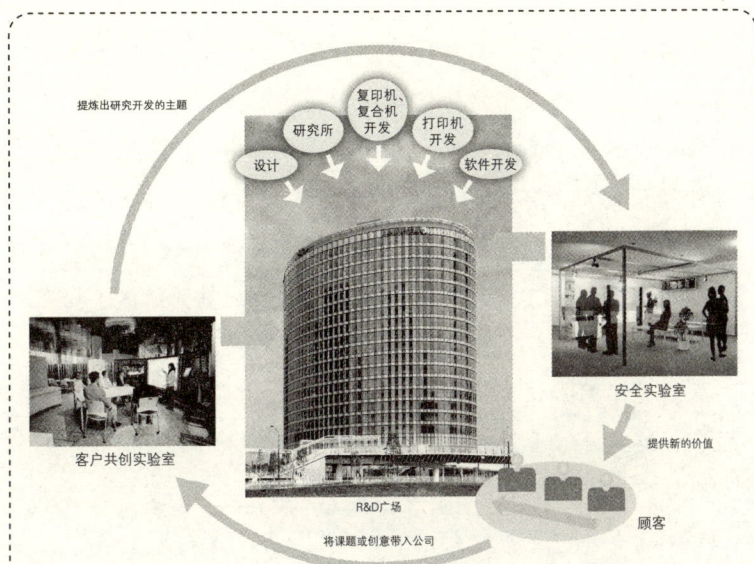

图 5-8　将富士 XEROX 的 R&D 广场打造成客户"想带进课题"的场所

　　为此，富士 XEROX 得出了让客户也参与到 R&D 广场的开发作业中的结论。

　　具体分为三个步骤。第一步，请客户来到 R&D 广场（可通过开办讲习班及开放参观活动来实现）。两年间，共计 2700 位客户到访过 R&D 广场。

　　第二步，对来访的客户开放本公司的课题。在 R&D 广场内，设有"客户共创实验室"的课题共享空间。在这里，富士 XEROX 展示了公司内部成员可见的课题与其解决方法。"让客户言明课题前，要先将本公司的课题与客户共享，这一姿态极为重要"，该公司 R&D 策划管理部组长末光裕治这样认为。在与客户交流的同时，要设法了解客户的潜在需求。

第三步，请客户参与到共创实验室提出的研究开发主题项目中。为了确保客户的信息安全，楼中特意准备了特别定制的安全水平很高的房间——"安全实验室"。除项目成员以外的任何人都不允许进入该房间。IT 系统方面也采用了特别的防火墙进行防护。项目召集了集结在 R&D 广场的各种人才，富士 XEROX 从中挑选出了必要成员并组建了研究开发的相关部门。

通过不同知识及技术间的碰撞吸收，衍生出新的商品及服务，这就是富士 XEROX 构想的生存战略。

第6章
技术的多能工化——单人货摊式设计

生产汽车框架等钣金加工零件的深井制作所（总部位于日本栃木县足利市）的技术总部开发部开发科科长须永行说："采用该方法让我意识到，拧干的毛巾其实还有水分。"须永行在很多年前，就开始反复试验该方法，并肯定了其成果。该方法从产品设计到量产准备均由一位技术人员负责，称为"单人货摊式设计"。其最大的优点在于交货快、成本低、品质高，而且能够达到较以往的方法高出很多的水平。

效果令人震惊

听到这话，技术人员大概都会持反对意见，认为"那肯定是不可能的"。因为要想实现目标，必须具备从产品设计到量产准备的广泛的知识及经验，而具备这些技能需要花费很长时间。然而，须永行却认为单人货摊式设计的难度不必达到那么高的要求，他说："我不是超人，开始只想试着做一下，没想到真的成功了。一这让我觉得没有什么是完全不可能的。"

须永行这样说是有他的理由的，即他本人的切身体验。2006

年年初，某汽车制造商决定将下一期要推出的三种车型的遮热板通用化，并由深井制作所负责这项新的设计任务。遮热板是为了防止电动机的热量传递到燃料箱而开发的配件（详细的内容将在后文加以详述）。这次，须永行利用有过实践经验的单人货摊式设计完成了任务。和现有的零件生产状况相比，须永行不仅将冲压工序量由 4 个削减到了 2.5 个，还将成品率由 53.5% 提升至 69.2%。改善后，零件制造成本削减了 31%（图 6–1）。

工序数	4工序 → 2.5工序
成品率	53.5% → 69.2%
制造成本	削减了31%

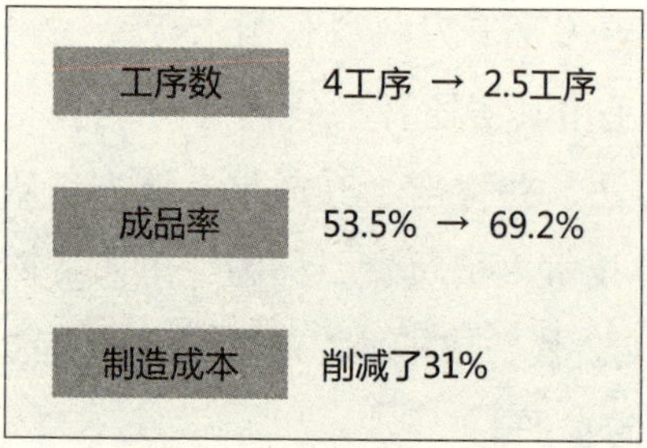

图 6–1　单人货摊式设计取得的成果实例

2006 年，深井制作所在燃料箱遮热板开发上取得的成果。该公司主要生产汽车框架零件，遮热板销售所占的比例很少。可如果将该产品的制造成本削减 31%，将会提高产品的收益率。

不仅如此，从设计到量产准备通常需要一年半到两年的时间，而单人货摊式设计仅用了三个多月就完成了任务。即使超过三个月，"向客户交货的时间也是十分充裕的"（须永行）。实际开发业务所需要的工时，整个算下来也仅在 40 个小时左右，其效果足以令人震惊。

省略跨组织部门的繁杂环节

为什么单人货摊式设计会取得如此显著的成果呢？秘密就在于单人货摊式设计的流程远较一般的业务流程简单，具有缺失少的优势。在深井制作所，从产品设计到量产准备的一般业务流程如下［图6-2（a）］。首先，该公司的设计人员去汽车制造厂家，与汽车制造商的技术人员商谈并拟定零件的设计方案。这时，深井制作所的生产技术人员也会参加，为了在量产时不出现重大问题，会反复探讨该方案的内容。完成设计图纸后，深井制作所的设计人员会带着图纸返回公司，交给本公司的生产技术科。在汽车制造商的这一阶段的开发时长，根据设计零件的不同，需要半年到1年的时间。

随后，由生产技术科的技术人员生成试验样品模具的数据，由工程管理部门交付外包公司制作出试验样品模具。试验样品如果没有问题，再由生产技术科的技术人员做批量化生产准备，如生成批量生产型数据等工作。从出图到开始量产的开发时间约为一年。

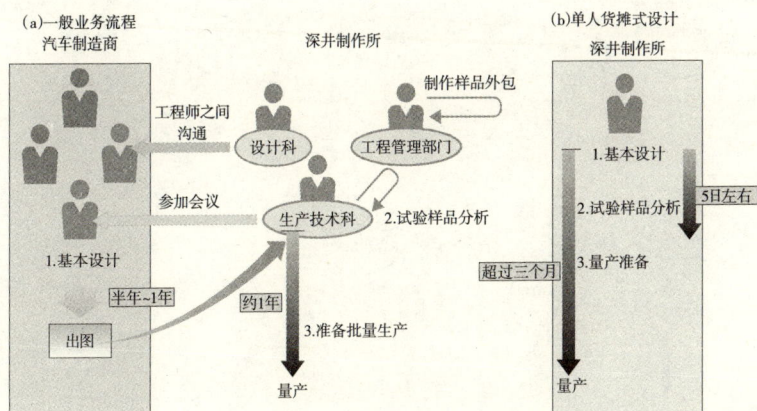

图6-2 "一般业务流程"以及"单人货摊式设计"概要

单人货摊式设计（b）流程极为简单，不必像通常的业务流程（a）那样需要很多部门介入。

一般业务流程有两个特征，即：多人参与同一项目；设计信息被传达给多个部门。

单人货摊式设计的流程中并不具备这两个特征［图 6-2（b）］，仅需在最终阶段与汽车制造商协商一次。从基本设计到量产准备的整个工程均由一个人负责，不必再在人员间互相传达信息，也不需要再跨组织部门进行讨论。

消除"三种浪费"

从一般业务流程和单人货摊式设计的不同点可以看出，一般业务流程会产生"三种浪费"（图 6-3）。

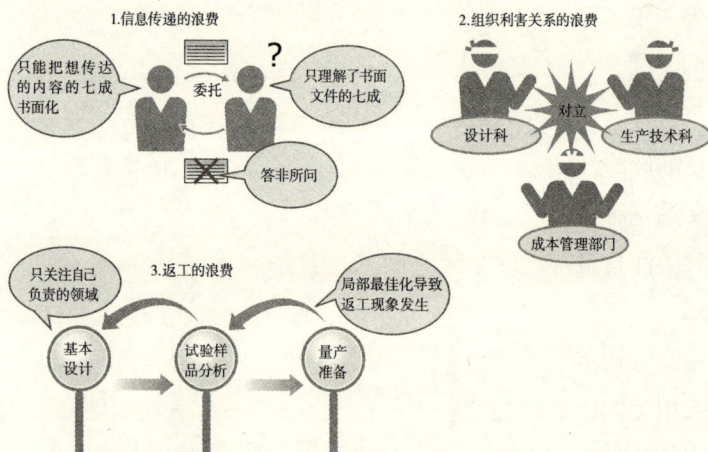

图 6-3　潜藏在技术部门的三种浪费

涉及众多人员和部门，处理信息时，会产生三种浪费。这三种浪费分别是：为传递信息需要制成书面文件，而书面文件未将要传达的内容表达清楚，造成"信息传递的浪费"；多个部门之间因为利益冲突而偏离最佳解决方案，造成"组织利害关系的浪费"；各部门只关注自身部门的工作，导致"返工的浪费"。

第一种是"信息传递的浪费"。这是设计人员间传递设计数据等信息时必然会产生的问题。信息传递方法多种多样,但在跨企业和部门的情况下,多会以书面的形式进行传递。虽然制作成书面文件不属于直接开发的业务,但会占用设计人员一定的时间和精力。而且,书面文件并不能将书写人的意图完全表达清楚。例如,设计人员需要某产品形状的数据时,需以书面的形式提请使用三维测定器的操作人员提供该数据。假如设计人员本来想表达的意思在书面文件中仅表达出了七成,而操作人员也只理解了书面文件所记载内容的七成意思的话,设计人员从操作人员处所得到的答复将会连设计人员本意的一半都不到。

第二种是"组织利害关系的浪费"。设计部门与生产技术部门等多个部门就同一零件项目进行讨论时,必然会因相互之间的利益关系而产生摩擦。尽管这是一个必经过程,结果也大多是可以制造出性价比更好的产品,却也存在因矛盾激化,适得其反的风险。

第三种是"返工的浪费"。出现返工的最大因素在于各个部门只关注自身部门负责的领域,忽视了后续工序中发生的问题。各部门并不理解其他部门的工作内容。须永行本人也曾在身为汽车制造商的设计人员时,在缺乏冲压零件的制造方法及生产技术相关知识的情况下从事设计工作。他表示:"如果设计人员到零件制造部门工作,就会彻底明白设计人员应该了解生产技术内容的重要性。"

那么,单人货摊式设计不产生上述浪费的原因,以及与交货快、成本低、品质高的关联性又具体体现在哪些方面呢?下面将以遮热板为例加以说明。

▶ **打破常规,做出设计变更**

尽管须永行在遮热板设计上拟定了几种有效的改良方案,但无论是哪种方案,不利用单人货摊式设计都无法实现。其中,几个有代表性的改良案例可从根本上重新看待遮热板的基本设计。

此前,遮热板的设计都是由汽车制造商自己负责的。深井制作所从汽车制造商处拿到图纸后,负责试验样品制造、批量化生产准备、批量化生产等工作。也就是说,设计由汽车制造商负责,生产技术和制造交由深井制作所完成。当时,深井制作所的现场频发割裂和褶皱等不良事故。产品的成形性差,尽管生产技术方面做出了改善的努力,却很难提升成品率。从这些现象中,须永行注意到了某个问题点。

遮热板位于燃料箱和驱动轴间,存在"距燃料箱 10mm 的内侧,且接触不到驱动轴"的设计上的限制。多发次品现象的遮热板形状是从燃料箱起 10mm 内侧描出轮廓线,这是成形性差的原因。从想在燃料箱有限的空间中实现容量最大化的角度出发,就可以解释为什么很多遮热板都是凸凹复杂的形状了。

负责设计新型遮热板的须永行很快在新设计中对这一点进行了变更。在保持间隙的同时,采用了和燃料箱不同且避免较

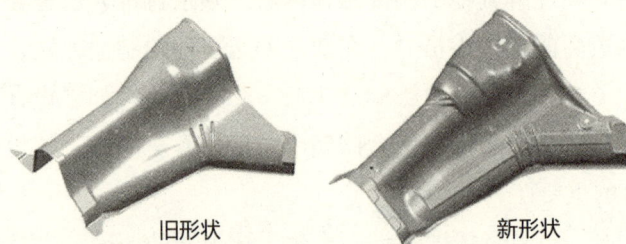

旧形状　　　　　　　　新形状

图 6-4　遮热板的新旧形状比较

尽管看起来几乎没有任何变化,材质和板厚也相同,但成品率却由 53.5% 提升到了 69.2%。

大凸凹程度的形状（图6-4）。尽管设计出来的新形状采用了相同的材料，板厚也相同，但成品率却从之前的53.5%提升到了69.2%。

▶ 因为是一个人负责，所以没有"返工"

由一个人负责设计和生产技术，可大大缩短产品的开发周期。遮热板型材（加工前的材料）的形状变更就是典型案例（图6-5）。

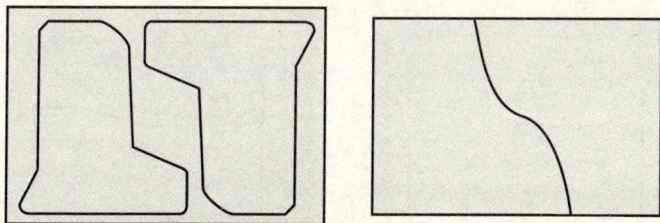

图6-5　型材的新旧形状比较
　　左图的旧形状在一枚板材中打穿上两枚型材。右边的新形状只需要在中央以S形曲线分割，即可获得形状相同的两枚型材。

旧设计的型材为弥补量产阶段出现的成形性差的缺点，不得不制成复杂的形状。为了在一台模具上完成打穿该型材的工艺，必须将一枚矩形板材冲压两次。不仅耗费工时，打穿后的剩余材料浪费也很多，成了成品率不高的原因。针对此种情况，须永行决定灵活运用矩形原材料的形状：在矩形材料中央，以S形曲线切断，即可获得两枚相同形状的型材。

可是，如此变更也让量产准备阶段产生了其他问题。遮热板的凸凹形状很复杂，在钻孔成型时，发生了部分材料掉进模具内部的现象。旧设计中，量产模具在较早的阶段完成，因此，由掉进模具内部材料引起的成形性差的问题是无法用模具纠正的。这也是以往都是直接将型材形状复杂化的原因。

新设计尽管发挥了矩形形状的优势，却无法应对出现的问题。为此，须永行在对产品设计稍作修改的同时，采用了更改量产模具形状（为插入冲压机，在模具上开孔）的办法（图6-6）。以往对产品设计做出变更及更改形状的作业都是在一般业务流程中进行的，会出现从生产技术到设计的返工，因而无法在三个多月内完成开发任务。而单人货摊式设计让随时修改和变更成为可能。

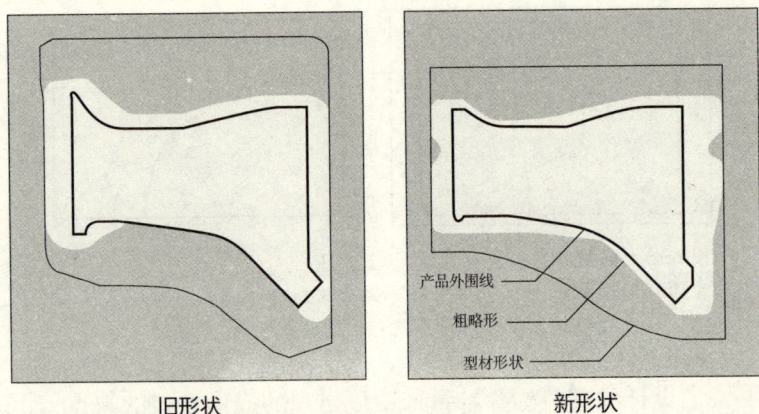

产品外围线
粗略形
型材形状

旧形状　　　　　　　　　　　新形状

图 6-6　新旧形状比较
图中的白色部分是在模具开孔，再从该孔插入冲压机后成型而得。旧形状将型材制成复杂的形状，尽管确保了成形性，却不像新形状能在保持型材三条直线边的同时，还可对形状做出调整。

至此，聚焦交货快、成本低、品质高的成果，可见单人货摊式设计的效果。而且对于须永行来说，还有一个"看不见的效果"，即作为设计人员的成就感。单人货摊式设计能促使个人获得自己所负责领域以外的技术。正如须永行自己的切身体会

一样，在完成从产品设计到量产准备的全过程中，设计人员也
找到了自己所负责领域的改善方法。

重在开始

　　其实，单人货摊式设计也绝对不是万能的，其中也存在几
个问题点。第一，尽管须永行说"难度不大"，但在现实中，像
须永行这样的"技术多能工"却不是轻易就可以培养出来的。
近年来，IT 工具发展迅速，如果能够熟练运用，是可以在某种
程度上覆盖多领域业务的。深井制作所也正在开展各种培养技
术多能工的技术研修实践活动（图 6-7）。然而现实中，能够实
施单人货摊式设计的技术人员仍然只有须永行一人。

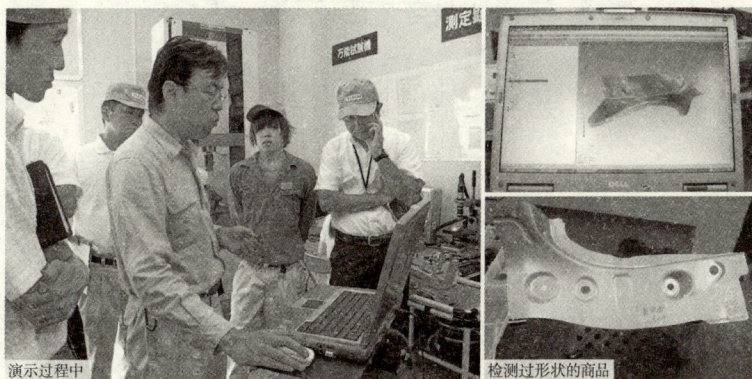

图 6-7　深井制作所正在培训员工非接触三维测定器的使用方法
　　员工可自愿参加非所属技术部门的培训。左边的照片中央，是正在进
行讲解的须永行。教学 4 小时（包括演示），实际演练技术 4 小时。不仅
是非接触式，接触式的实际技术也在此加以实施。通过此项训练，在深井
制作所中，大约有 70 人学会了测定器的使用方法。

即使培养出了技术多能工，一个人的能力也终究是有限的。单人货摊式设计无法适用于设计大型零件、复杂零件等的大规模业务。

而且，最大的问题在于很难否决一般业务流程。对于技术工作者而言，每天的业务量已经很繁重了，如果再从根本上改变现有的工作方式，会给技术人员造成很大的负担。因此，尽管知道现在所采用的方式是有局限性的，也很难去加以改变。

尽管如此，单人货摊式设计的实例仍然让我们认识到了现实是可以改变的。如果不改变现状，未来就不会发生改变。尽早做出努力才是最好的出路。单人货摊式设计绝对不是解决既有问题的唯一方法。例如，设计人员可以跟生产技术人员交换使用各自 IT 工具的经验，让汽车制造商的技术人员到零件制造的现场体验一段时间。重要的是根据自身的情况，找到适合的方法，这才是企业的生存发展之道。

第 7 章
提供生产制造专业技术知识

　　IT 供应商的作用一般是提供工具、构建系统，在 IT 系统方面提供咨询。而富士通和 NEC 等公司开始向客户提供"生产制造专业技术知识"。两家公司都是老牌通信器材及计算机制造商，包括名下各集团在内，拥有各种关键技术和专业知识。而当今市场对制造业专业知识的需求正在与日俱增。

　　2012 年 6 月 20 日—22 日，在东京国际展示场召开的"第 23 届设计及制造解决方案（DMS）展"上，狭路相逢的这两家公司，分别提出了对制造业的见解。从供应计算机硬件到转向供应软件，两家公司如今又进一步将目标指向了提供服务。

派遣资深技术人员

　　富士通于 2012 年 10 月开始销售其生产制造专业知识服务——"生产制造革新队"。由（1）派遣设计和生产技术方面的资深技术人员的"制造专家服务"；（2）提供在本公司内部检验生产设备和 IT 系统等的"制造工具"；（3）承担专业性的高端业务或工厂通用业务等的"接受制造委托服务"三项服务组成（图 7-1）。"富士通不只提供构筑 IT 系统的服务，还有手把手传授生产制造技术的单独对应服务。生产制造革新队致力于提供一套有组织的应对策略。"该公司工作人员介绍说。

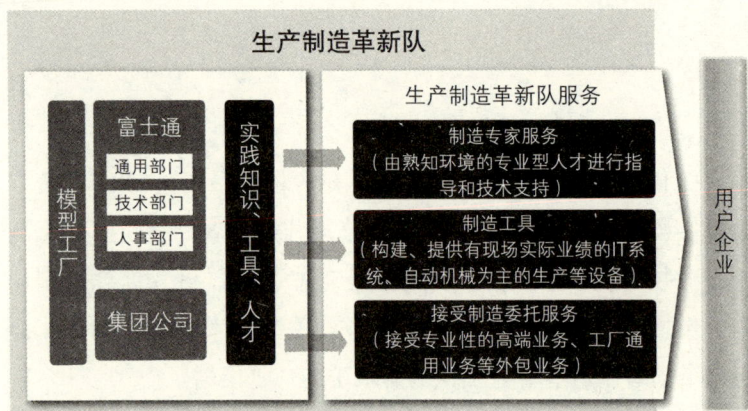

图 7-1　富士通"生产制造革新队"的主要业务
不仅提供 IT 系统，还支持设计、生产技术的专业人员派遣，以及提供业务外包服务等生产制造业务。

　　作为制造专家服务的一环，富士通还制订了提供东日本大地震后备受关注的业务连续性计划（BCP）专项知识的方针。富士通集团曾成功挽救了受地震影响不得不停工的富士通 ISOTEC（总部位于日本福岛县伊达市）的生产项目，在地震发生仅 12 日后便将富士通 ISOTEC 的生产任务转移到了日本岛根富士通（总部位于日本岛根县出云市）进行制造。富士通预见到了一个趋势：很多企业在向海外拓展业务时，对 BCP 相关专业知识需求会增加。

　　富士通的业务范围很广，不仅向客户提供制造工具，还提供整备好的使用工具的环境。其中一项就是应用三维数据。例如，很多企业完全不进行数据解析，都是在用 CAD 生成三维数据后，再修改解析用的数据。这样的业务流程无法减少试制的次数。而生产制造革新队中熟悉制造的人才会为客户提供实际的现场实践知识指导服务，辅助客户进行业务流程的革新。

改善的同时实施 SCM 改革

和富士通同一时期开展新的供给链管理（SCM）服务的是 NEC 公司。该公司的自有工厂向海外拓展，以及将交货地和零件购买地向海外拓展时，很多情况下必须考虑 SCM 的情况。"尽管到目前为止，很多企业都是在各个地域的局部供给链中进行生产制造，但从今后的趋势来看，全球采购、全球交货的情况会大幅度增加"（NEC）。

NEC 不仅拥有手机这类大批量生产的产品，还有人造卫星这类单独订制形态的产品。这些都为 NEC 向客户提供 SCM 革新服务提供了强有力的支持。

该服务引进了 SCM 系统，并在改善客户生产现场的基础上提出系统方案。如果生产现场的业务流程或制造生产线上存在浪费，却还要实施 SCM 系统化，系统自身就会变得极其复杂，甚至可能引进本来系统不需要的工具或功能。系统复杂会衍生出新的运行业务，加重现场的负担。

从改善该现场的视点来看，NEC 不仅要实施附加价值高的作业，还要通过查验包括不产生附加价值的"停滞"在内的整个流程，确定改革方案。因为"停滞"的时间更长（图7-2）。

在提供上述服务方面，以往 NEC 中负责提案、导入引进系

前置时间=加工（附加价值）时间+停滞时间

| 停滞 | 附加价值 | 停滞 | 附加价值 | 停滞 | 附加价值 | 停滞 | 附加价值 | 停滞 | 附加价值 | 停滞 | 附加价值 | 停滞 |

比率　1（附加价值）　　　　　　　　　数以千计（停滞）

以往的目标方法	新的目标方法
以提高实际作业领域的效率为中心，拟定改革方案，引进IT ⇒利用IT，实现局部最佳化	加入作业与"作业之间""停滞"的流程状况的思考，拟定改革方案 ⇒全局与IT相结合

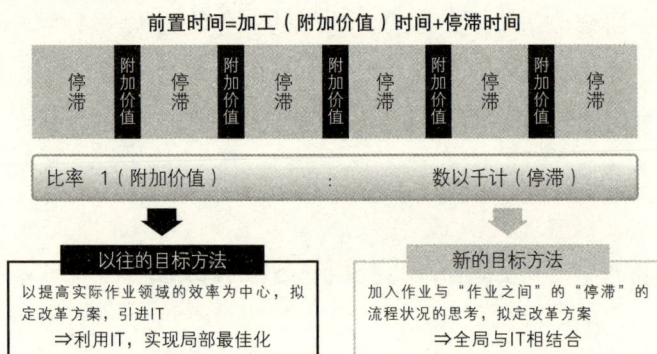

图 7-2　NEC 提供的 "SCM 革新服务" 的构思

不仅注重将衍生出附加价值的时间效率化，还注重与不产生附加价值的时间之间的关系。

统的部门和支援生产现场改善的部门不一定会联合协作。新服务以 NEC 的 "制造·设备业解决方案业务总部" 为窗口，促进两部门共同支援客户的 SCM 系统革新。

引进什么样的 SCM 系统呢？这要依据作业形态及生产品种的不同来选择。所以，首先要请客户参观学习与自家公司相似的生产品种的 NEC 集团的工厂，然后再提出适用于该客户公司的系统方案。同时，还要提供 NEC 集团的各工厂中实际使用的业务模板。

支援以解析为主导的设计开发工作

NEC 集团内部负责开发设计的 NEC 工程（总部位于日本东京）开展了运用热传导计算和构造解析等技术的 "模拟构造设

计开发服务"。热传导计算技术成熟，在设计的初期阶段，即可对电子零件等产品产生的热影响做出评估。

热传导计算利用简易模型与热抵抗，表现出"配件和配件""配件和印刷线路板""配件和空气"之间的热传导。按照该方法，根据理论式（傅里叶法则）计算热传导的状况，求出配件的温度等数值。

计算的时间很短，一秒内就可完成与采用热流体解析方式需要花费一个半小时的计算几乎同等精确度的评估。即使加上制作模型等的时间，也仅需花费热流体解析 1/10 的时间，所以非常适用于设计初期阶段多种设计方案的试错情况。NEC 认为"我们已具备了可将与实测值比较时产生的误差控制在几乎和采用热流体解析方式时一样的微小范围内的专业知识，并可将其应用于实践当中"。

云服务提高了共享数据的效果

尽管和提供专业知识的服务不同，但利用云计算提供设计制造相关数据共享等功能的云服务也在不断增加。在 DMS 展上，促进技术信息共享的服务、保管设计图及提供印刷功能的服务也格外引人注目。

▶ 加注并共享技术

ACCELATECH（总部位于日本东京）提供可共享文件、动画等技术内容的云服务"Accela BizAntenna 技术管理员"。针对云保存的内容，除了具备全文检索、标签的下拉菜单检索等功能，还可让终端客户添加记录、注释等补充说明。日本国内工厂向海外工厂拓展时，就有以技术信息交换为目的的实例。

在日本国内工厂获得成功的案例不一定适用于海外工厂。出现问题时，需要进行反馈，对问题的起因加以分析。也就是说，单靠检索已有的静态信息是不够的，必须追加、补充注释等功能，对信息及时进行更新。成员通过添加标签、记录和注释等方式，提高信息内容的价值。因为对常用的重要参考内容一目了然，成员可尽快找到有用的信息。

云服务可利用智能手机等移动终端阅览信息（图7-3）。设备机器的维护人员可参考来自现场的维护信息。

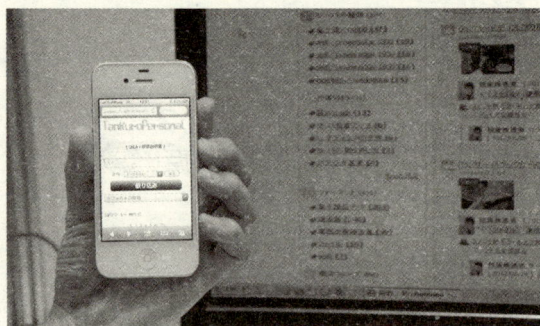

图7-3　可远距离共享技术内容的云服务"Accela BizAntenna 技术管理员"
即使所在地没有电脑，也可使用智能手机等移动终端查看信息。

ACCELATECH 还展出了用于支持制造商业务的云服务"Accela BizSearch QA 制造 2"。该服务可结合产品的咨询记录进行检索，是一种替代原有的假想问答集（FAQ）、作为解决问题的手段提供给客户的服务。每次制作新产品时，假想问答集的内容量都很多，企业要花费1000万日元以上的费用，负担很大。与此相比，让客户尽可能参考指南，利用产品指南解决问题的方法更加合理。体验过利用参考指南解决问题的客户，会养成使用参考指南的习惯，咨询售后支持服务的情况会减少，从而减轻售后支持服务的负担①。

▶ **共享并长期保管设计图**

2012 年 5 月末，Seiko I Infotech 公司（总部位于日本千叶县）开始提供可保管、活用大幅面设计图电子数据的云服务 "TerioCloud"。客户可利用 PDF 等格式实现设计图共享。TerioCloud 具备将 CAD 数据转换成 PDF 等格式、可在 iPad 等平板电脑终端阅读和编辑、长期保管设计图数据等功能。

将 HP-GL 数据（绘图仪输出用数据）上传到 TerioCloud 后，CAD 数据就能转换成 PDF 或 TIFF 格式的设计图。该项技术原本是由该公司绘图仪制造商推出的，目的是 "生成和设计图纸相同内容的数据，避免出现缺线等错误"。

在平板电脑终端显示等细节上，该公司也花费了一定的人力和物力。例如，在显示器上设置了显示和设计图实际尺寸大小一致的功能。参考云端的设计图时，如果进行了指定，设计图的 1cm 单位尺寸会在平板电脑终端的显示器上按照 1cm 单位

---

① Accela BizAntenna 技术管理员的使用费为每 10 个终端客户每月 21 万日元（费用根据人数的不同而不同）。可处理 PDF 文档、Word 文档、动画等内容。"Accela BizSearch QA 制造 2" 的价格为每月 25 万日元，根据指南等内容的量做出相应的变动。

尺寸显示出来（图 7-4）。也可以在显示器上显示出 A0 大小的图纸和"虚拟标尺"，并将二者连动，执行扩大/缩小的显示操作。同时，也具备在设计图内用红色圆圈做出明显标注的功能。

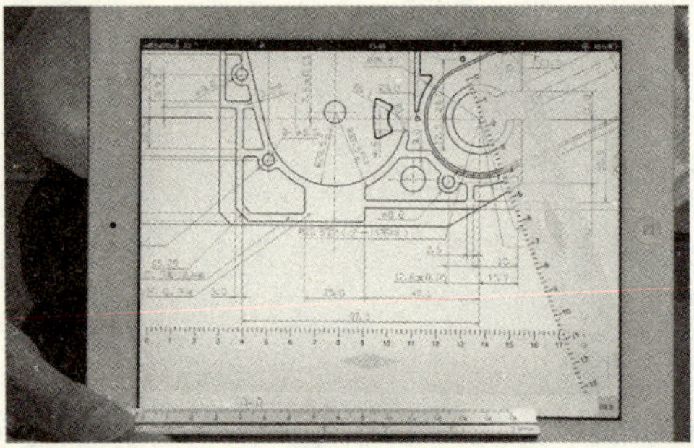

图 7-4　Seiko I Infotech 开创的大幅面设计图云服务"TerioCloud"提供将 CAD 等生成的 HP-GL 数据转换成 PDF 或 TIFF 等格式的功能。

长期保管服务可将数据保存 10~15 年，最终更新后的内容保持不变，可供日后查询。与 SII 公司（Seiko Instruments，总部位于日本千叶县）的署名服务组合在一起提供给客户[①]。

▶ 面向中小企业的云 PLM

2012 年 10 月，NEC 开始向客户提供 PLM（产品生命周期管理）工具的云服务"Obbligato for SaaS"。该服务可供少数人使用，比打包版本价钱便宜，主要以中小企业为目标客户。10

---

① 期费用为 1.5 万日元（设定域名费用）；固定费用为每个 ID（大多为每台计算机）每月 340 日元；数据保管费用为每月 3000 日元（5G 字节）以上。将设计图的 HP-GL 数据转换成 PDF 的费用为 A4 纸每次 20 日元/张；A1 纸每次 120 日元/张；A0 纸每次 160 日元/张，并有针对大顾客的每月固定费用表。

个客户使用时，与引进打包版本 Obbligato 相比，初期费用约
为原先的 90%，五年的运用成本可削减 40%。如果采用一个
Obbligato 多个企业共享的共享版 SaaS（Software as a Service）方
式，不仅可以降低使用费用，还会因为所运用硬件和系统的效
率化而削了服务费用 ①。

NEC 准备了标准业务版本，客户不必定制即可导入。可根
据每个客户所处基本环境的不同来设定管理零件或设计图的项
目名称（属性）、授权状态的数量和名称，以及访问权等参数。

周边机器提高了三维输入输出设备的功能

最引人注目的周边机器是三维测定仪和三维打印机等立体
形状的输入输出设备。而其中的焦点产品为小型三维测定仪。
数据设计公司（总部位于日本名古屋市）展出了在 DMS 展后发
售的小型三维测定仪新产品，而仓敷纺织工厂则用展板展示了
2012 年内发售的产品。

▶ 可单手提拎的三维测定仪

数据设计公司展出了手提式非接触型三维测定仪的新产品
"Artec EVA"（美国 Artec Group 公司）。和以往的机型相比，本

① 每 10 个客户使用时，基本服务的初期费用为 50 万日元（包含培训
费用在内），基本服务的每月使用费为 30 万日元。

体质量轻了 40%，提高了读入纹理（颜色和样式）信息的质量（图 7-5）[1]。

图 7-5 数据设计公司展示的手提式三维测定仪

轻量型新产品 "Artec EVA"（图右所示）的质量仅为约 850g，从正面看形状细长。以往产品（图左所示）的提手上下因配有照相机和照明设备，呈 "工" 字形。

使用时用单手提起 Artec EVA 设备，将照相机的镜头对准对象物体。微微移动测定仪，将对象物体表面的所有数据读入。照相机和闪光灯呈直线形，整个机身呈 "I" 字形，从而实现了机器的小型化。和以往机型相比，机身稍高，宽度缩减至 63.7mm，仅为原来的约 1/4，而机身质量大约为 850g，较原来（大约 1.4kg）的质量轻了近一半。当手持进行扫描作业时，设备的轻量化大大减轻了工作人员进行扫描作业时的身体负担，便于工作人员进行较原来时间更长的针对大型对象物的扫描作业。

仓敷纺织展出了外形尺寸为 150 mm × 50 mm × 70 mm 的比数码相机稍大一点儿的非接触型三维测定仪的试验样品。采用了消耗电量低的测定方式，可用电池驱动。可用于计测成套设备等金属构造物的腐蚀状况，以及工厂内成型零件等的应用场景。

该设备的测定方式被称作 "位相转换方式"。具体方法为在

---

① Artec EVA 基本套装费用为 350 万日元。基本套装设备中，包括了测定仪机身、扫描控制用软件 "Artec Studio"、客户指南、培训指导、一年期售后服务和便携式电池模块。

周期性调整直线形点状激光的明暗强度的同时，将直线形点状激光进行垂直方向扫描，同时根据明暗的条形样态计算出纵深方向的位置。试验样品的可测定范围最大为投影面积在约 A4 纸大小范围，纵深方向为 1cm ~ 2cm 的程度。纵深方向的计测精度随相同方向的测定范围变化，在 ±0.05mm ~ 0.1mm 的误差范围内。

▶ 便于使用的大型测定仪

客户在使用大型三维测定仪时，也同样希望轻便快捷。东京精密展出的三维测定仪"XYZAX mju"（图 7-6）将该公司以往的机型小型化，并将驱动必要的空气供给压力设定为 0.3MPa。在一般的工厂，空气的供给压力在 0.5MPa 左右。以往机型使用前必须增压，而 XYZAX mju 省去了这笔初期投资费用，仪器的主体价格降低了三成左右[①]。

图 7-6　由东京精密展出的三维测定仪"XYZAX mju"
以一般工厂能使用的空气供给压力为前提。在不增压的情况下仍可使用。

① 分为三种机型，根据所选机型不同，价格也不同，定价为 680 万 ~860 万日元（不含税，包括购置费在内）。

　　将可动部位小型化、减少空气轴承的使用部位等措施减少
了空气压力。以往的机型都是朝着纵轴（Y轴）方向移动门型
构造体，而XYZAX mju采用了仅移动其中L形部分的方式。并
且，以往机型在X、Y、Z轴的所有方向均使用空气轴承，而
XYZAX mju仅在Y轴方向使用空气轴承，X、Z轴则采用了接触
式的直线导轨。测定范围在宽510mm×深460mm×高410mm
的较原来稍小的范围内，设置的空间也变小了。测定精度为±
（2.4+4L/1000）μm（L为测定长度）。

　　展会上展出的用于特定用途的三维测定仪同样引人注意。
日本三丰（Mitutoyo公司，总部位于日本川崎市）展示了可在直
线形管子弯曲时测量出弯曲情况（管子的弯曲位置和角度，以
及弯曲的方向）的系统（图7-7）。在臂型三维测定仪上安装专
用探头，并配上了专用计算机软件系统。

图7-7　三丰公司展示的用
于加工弯曲管子的测定设备
　　计测管子弯曲的位置、角度
以及弯曲的方向。

　　可测量的管子直径根据探头尺寸的不同而不同，最大为
190 mm（推荐175 mm以下）。测定精度也根据探头的不同而
不同，小型号为±40μm，大型号为±110μm。

▶ 提高低端机型的功能

三维打印机促进了低端机型的功能提高。为配合 DMS 展会，Objet Japan（总部位于日本千叶县）的 "Objet30 Pro"（以色列 Objet 公司）、丸红信息系统（总部位于日本东京）的 "Mojo 3D Printer"（美国 Stratasys 公司）开始发售。

Objet30 Pro 是桌面型的小型设备，尽管与已有的 "Objet30" 在最大造型尺寸等方面相同，却可以使用新型透明材料和高耐热性材料等共计七种可用的造型材料。Objet 同时也发布了面向教育机构的 "Objet30 Scholar"[1]，将材料和设备配套化。和民营企业不同，教育机构购买必要材料的手续比较烦琐，成套购入可让其在某种程度上一起支付材料和售后服务的总费用。

另一方面，Mojo 3D Printer 是低价格的树脂熔融型 3D 打印机[2]。成型时的最小积层厚度为 178 μm，和 Stratasys 公司产的 3D 打印机的中端机型 "Dimension Elite" 相同。造型材料使用丙烯腈、丁二烯、苯乙烯的三元共聚物（ABS），并使用碱性水溶性树脂作为支撑材料。Mojo 将收纳这些材料的材料盒和挤出材料的喷头一体化，避免了因提高精度引起的材料堵塞喷头的问题。

丸红信息系统展示了新的聚碳酸酯（PC），这是一种可用于 Stratasys 公司制 3D 打印机（三维造型设备）的高端机型 "Fortus" 系列中部分机型的新型材料（图 7-8）。除了可用作可

---

① Objet30 Pro 的价格为 498 万日元（不含税）。Objet30 Scholar 定价为 648 万日元（不含税）。

② Mojo 3D Printer 的价格为 128 万日元（不含税）。与 Stratasys 公司生产的 3D 打印机的最低价格机 "uPrint SE" 相比还便宜了 70 万日元。

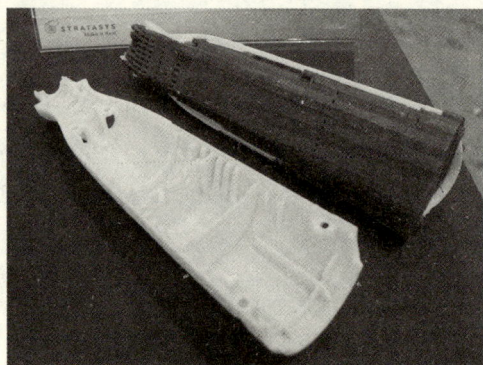

图 7-8 美国 Stratasys 公司产 3D 打印机可使用的新型树脂

除了可用作可熔融的支撑材料，还可以选择最小的积层厚度127μm。照片中的白色部分为造型材料，灰色部分为支撑材料。由丸红信息系统展示。

熔融的支撑材料以外，还可实现最小积层厚度 127 μm 的造型。

3D SYSTEMS JAPAN（总部位于日本东京）展示了 2012 年 4 月发售的美国 3D 系统公司产 3D 打印机的新产品"ProJet 3500"系列（图 7-9）。该系列配备了用作造型材料的光硬化树脂或蜡，

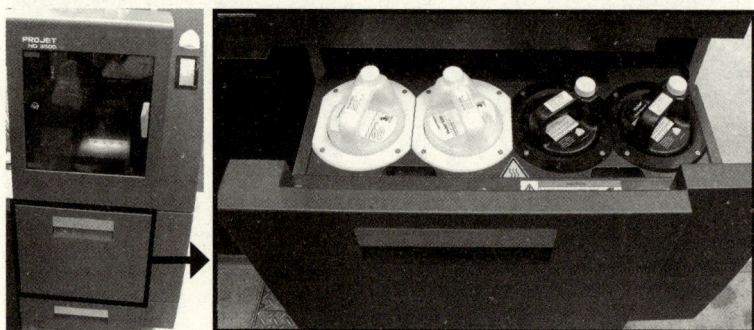

图 7-9 美国 3D 系统公司制 3D 打印机的新产品"ProJet 3500"

相当于"ProJet"系列 3D 打印机中的中端机型。从喷嘴中吐出成型材料。在新产品中，对材料的供给机构等方面做出了改进。可实现材料盒式交换，容量也有所增大。

以及用作支撑材料的蜡，并根据可用材料及最大造型尺寸的不同，列出了八种机型。

ProJet 3500 和之前的 ProJet 3000 相比，材料的供给模块焕然一新。材料盒的容量从以前的 500 g 增大到 2 kg，在节省更换材料时间的同时，由于材料供给方式的改进，还减少了成型时所浪费的材料量。

此外，由于改进了挤出材料的喷头部位，最小积层厚度减少了 16 μm，还提高了触屏等客户接口使用的便捷性。

该公司还展出了"ProJet"系列的其他机型，如低端机型"ProJet 1500"和高端机型"ProJet 6000"等产品。ProJet 1500 是该公司"V-Flash"的后续机型，属于将整个断面形状同时硬化的曝光类别。在胶片上涂上树脂，从下面开始硬化进而逐渐向上成型出立体模型。ProJet 6000 是利用光造型系统成型的 3D 打印机。尽管成型方法各异，但 ProJet 系列的产品规模仍在不断扩大。

第8章
对海外 CAD/ERP 供应商给予协助

日本国内使用的 CAD 和 ERP 软件包主要是欧美产品。这些软件的开发商在开发新版本之际，都会和日本国内的客户密切接触并积极听取他们的意见（图 8-1）。而日本国内的客户也同样会对正式版本发行前的测试给予大力协助。

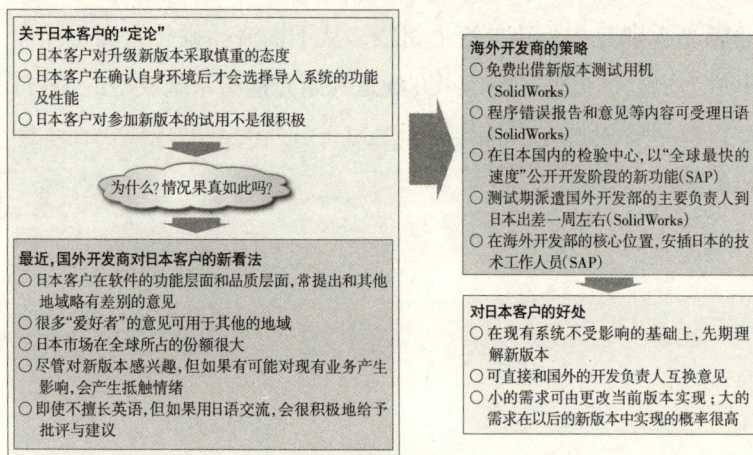

关于日本客户的"定论"
○ 日本客户对升级新版本采取慎重的态度
○ 日本客户在确认自身环境后才会选择导入系统的功能及性能
○ 日本客户对参加新版本的试用不是很积极

为什么? 情况果真如此吗?

最近，国外开发商对日本客户的新看法
○ 日本客户在软件的功能层面和品质层面，常提出和其他地域略有差别的意见
○ 很多"爱好者"的意见可用于其他的地域
○ 日本市场在全球所占的份额很大
○ 尽管对新版本感兴趣，但如果有可能对现有业务产生影响，会产生抵触情绪
○ 即使不擅长英语，但如果用日语交流，会很积极地给予批评与建议

海外开发商的策略
○ 免费出借新版本测试用机（SolidWorks）
○ 程序错误报告和意见等内容可受理日语（SolidWorks）
○ 在日本国内的检验中心，以"全球最快的速度"公开开发阶段的新功能(SAP)
○ 测试期派遣国外开发部的主要负责人到日本出差一周左右(SolidWorks)
○ 在海外开发部的核心位置，安插日本的技术工作人员(SAP)

对日本客户的好处
○ 在现有系统不受影响的基础上，先期理解新版本
○ 可直接和国外的开发负责人互换意见
○ 小的需求可由更改当前版本实现；大的需求在以后的新版本中实现的概率很高

图 8-1　IT 供应商非常重视日本客户的意见

可以说，日本的客户（尤其是制造业客户）对软件的新版本抱有极其慎重的态度。新版本虽然会扩充很多新功能，却常常存在以下风险：①因变更软件出现程序错误，进而导致系统不稳定；②操作方法或软件更改，导致现有版本的数据无法使

用等。

在参与到测试版的新功能开发、减少程序错误以提高系统稳定性方面，日本客户算不上积极。因为只有在软件运行良好、运用方法已先期测试的基础上，再参与到 Beta 版（测试版）的测试等当中，才是对客户自身较为有利的。

在日本，有 90 多个客户建言献策

美国 Dassault Systemes SolidWorks 公司（以下简称 DS Solid Works 公司）在发布三维 CAD "SolidWorks 2012" 的新版本之际，公布了在最重要的前十个项目的功能强化中，日本客户建议的改进项目就占了七项（表 8-1）[①] 这一消息。由此可见，参与 Beta 版测试的日本客户数正在增加：2010 年的参与人数在 40 人左右，2011 年急剧增加到 90 人以上。

表 8-1　按照三维 CAD "SolidWorks 2012" 功能强化点的重要程度排列出的前十个项目

灰色标识的第 1~5、7、8 项都是应日本客户要求强化的项目

	新功能名称	概要	软件包
1	"Costing"工具	预测钣金产品、切削加工产品的相关成本	SW Professional

---

① 此七项内容不仅限于日本国内客户提出的希望，有的项目其他国家客户也同时提出了相同要求。

	新功能名称	概要	软件包
2	大规模设计评估	新设置了仅读入显示信息的"大规模设计评估模式"。与以往的"大规模装配模式"相比,从开始读入数据到可操作为止的时间缩减到1/3	SW Standard
3	"磁性线"与圈号标识功能强化	制图时,在直线上等距离排列圈号标识的功能。即使替换圈号的顺序,仍可保持"直线上""等间距"的状态	SW Standard
4	冻结功能	对于未作变更的部分,客户可指示不作重构计算,进而节省了重新计算所需的时间	SW Standard
5	"关系式"功能强化	对于尺寸,可定义包含变数在内的算式(可直接输入尺寸值)。设置了编辑多个算式的"关系式编辑器"功能,可检测出错误并自动进行运算顺序修正	SW Standard
6	改进命令检索功能	一输入关键词,就会以表格形式显示出和该关键词相关的命令。	SW Standard
7	动作最佳化	以机构的驱动扭矩等为基准搜索出最合适的形状。	Simulation Professional
8	检索功能的改良(PDM)	可打开文件进行对话框检索	Enterprise PDM
9	"仿真体验"的强化、三维透视效果(三维阅览器)	易于利用阴影、景深(模糊淡化)、光泽等表现手法	3D VIA Com-poser
10	材料数据库更新以及业务进程改善	输入制造、组装工序的详细信息,对不合格率及耐久性进行评价。材料数据库也可更新为最新数据	Sustainability

　　该公司根据 Beta 版测试客户的贡献程度,按照和新功能相关的意见、检测出的程序出错的件数及重要程度,列出了排名(称为"Beta 赛")。自 2010 年起,该排名靠前的名次中出现了很多日本客户,并且在部分项目中,日本客户已占据了第一位。

正因如此，每当发布 Beta 版之际，DS SolidWorks 公司都会派遣美国总部开发部门的主要人员到日本出差一周左右，以制造和日本客户直接交换意见的机会。

向客户出借测试用机

SolidWorks 日本（总部位于日本东京）推出了和 Beta 版测试相关的两项举措。其中一项措施是向客户出借装有测试软件的计算机。将十几台笔记本电脑（这些笔记本电脑都具备运行 CAD 的充足条件），借给客户两周左右的时间，并在东京和大阪设立了配备计算机的测试中心。

因为可能会对现有的版本产生影响，甚至出现无法正常启动、已有功能失效的风险，所以客户一般都不愿意在处理日常业务的电脑上安装试用测试版本。借给客户电脑正是针对这一问题提出的解决方案。

另一项措施是在程序出错的报告和提意见的平台上增加了可以用日语使用的功能。以往想报告程序错误或提出意见时，只能以英文的形式输入，增加日文版会增加与日本客户交流的机会。

Beta 赛中排名靠前的日本客户之一是 Athlete FA（总部位于日本长野县诹访市）设计部三维 CAD 推进 G 科科长土桥美博，他说："北美开发部的工作人员较从前更重视日本客户的提议。"而对于能够先行试用 Beta 版，他表示："查看以前版本问题点的解决办法、理解新功能并运用在自己的业务中，不仅非常有利，还很有意思。"

同样排名靠前的水出博司（日本长野地区的客户团体"Solid Works Club of NAGANO"秘书处负责人，隶属日置电机开发部开发促进科）认为："对于地方客户来说，能接触到实时信息的机会实在很难得。"

最早的新功能发布地点定在日本

ERP 供应商德国 SAP 公司的日本法人——SAP 日本也指出："不要以为日本客户很晚才会获取最新信息。"SAP 明确表示，和计算机内存高速驱动的数据库管理系统"SAP HANA"新版（SP3）有关的事项，"总部的开发部门最先接受日本的需求"。"日本在全球所占的市场规模相当大，并且日本客户提出的意见和其他国家略有不同"。

HANA 对 SAP 而言，是具备了"从持续了几十年的硬盘等外围存储和关系数据库的系统中解脱出来，进入数据库'基础产品'内制化新阶段"的（SAP 日本）决断型产品。和 HANA 相关的"SAP Co-Innovation Lab Tokyo HANA POC Center"在日本设立，可让客户"最早接触到全球最新的功能"。

从开发体制上来看，美国加利福尼亚州帕罗奥多开发部的十位成员中，就有两名是日本人。

第三部分

超强工厂的运转模式

第 9 章
三菱电机的零件整理机器人

日本制造商谋求在灵活地应对生产量变动的同时提高生产率。作为应对措施，机器人的应用被认为是最有效的方式。通过变更机器人程序，可以在某种程度上灵活地改变零件和产品。

人工的单元式生产也是一样，有应对各种零件和产品的灵活性。然而，正如雷曼事件发生时我们所看到的，当生产量发生巨大变动时，需要对人员进行重新分配，随之而来的对人员的再教育也需要花费时间，这是一个重要的课题。若将单元式生产机器人化，在解决这一课题的基础上，也有望通过自动化实现生产品质的稳定和生产效率的提高。

缩短零件供给时间成为课题

将单元式生产机器人化时会出现一个课题，即怎样将零件集装箱中无规则的散装零件尽快供应给组装工。零件供给机器人化的相关技术开发至今也没有什么进展。实际上，零件供给装置能够在每 1~2.5 秒实现一次零件供给，而以前的机器人系统需要 7~15 秒（表 9-1）。

表 9-1 零件供给方法的比较

零件供给方法	可否应对不同形状的零件		动作周期	系统成本	零件变更时的应对措施
	单一形状	复杂形状			
零件供给装置	每种零件都配备了相应的装置	不能应对	1~2.5秒	与零件件数成正比	每种零件需要2个月左右开发硬件
人工作业	各种形状都能应对		约3秒	与件数无关，恒定	作业手册的变更
旧型机器人系统	可以应对	不能应对	7~15秒	与件数无关，恒定	每种零件需要1个月进行软件开发
新型机器人系统	可应对各种形状		最快3秒	与件数无关，恒定	每种零件需半日左右变更程序

　　在新型机器人系统中，作业不是在零散状态下，而是将零件放置到平展的作业台上后对其形状和姿势进行确认的。这样，可将零散零件的捡出程序通用化，零件变更时也可以在半天内完成程序的变更。

　　根据三菱电机资料制作而成。

　　应用零件供给装置时的难点，一是必须给每种零件都配备独立装置，二是不适用于形状复杂的零件。三菱电机尖端技术综合研究所所长田中健一提到，"处理像三维形状那种外形有突起的零件是很困难的"。

　　因此，如果是形状复杂的零件，无论是使用机器人还是依靠以前的人工模式，都存在同样的缺陷，即如果用以往的机器人系统，每一个零件的供给时间（动作周期）都会变长。零散的状态下，零件有可能会朝向各个方向，在确认零件的位置和姿势的时候，计算量较多，会花费大量的时间。顺便提一下，人工作业的动作周期是3秒。

由多个机器人分担任务

三菱电机开发出了能将零散的零件整理到零件箱的机器人系统（图9-1）[①]。设想其在小型电器、化妆品、药品等的生产现场中的应用，通过在程序上下功夫，将动作周期缩短到了原来的一半以内，即3秒（最快情况下）。

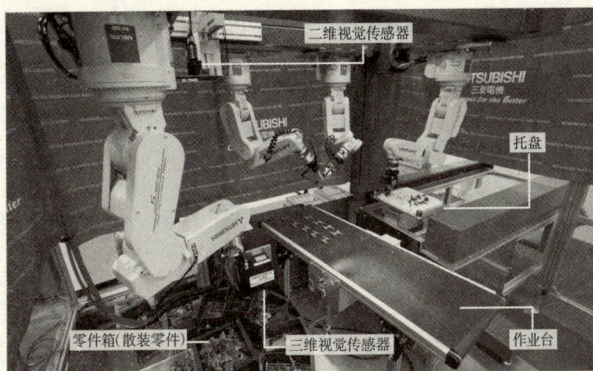

图 9-1　三菱电机开发的将零散零件整理到货盘上的机器人系统

从左到右并排有 4 台机器人。第 1 台机器人上配有三维视觉传感器，第二台机器人配有二维视觉传感器。第一台负责将零散的零件进行挑拣，第二台机器人负责确认零件姿势。第三台机器人和第四台机器人负责将零件进行翻转。

机器人的动作周期并不逊色于人工的动作周期，即使变换了零件，机器人也能通过变更程序来进行应对（所需时间约为半天）。而且，还可以应对零件供给装置难以处理的复杂形状零件。关于零件供给装置，如果所处理的零件发生变化，就需

---

① 受新能源·产业技术综合开发机构（NEDO）的委托进行了开发。

要进行改造夹具等的硬件开发工作，每个零件需要约两个月的时间。

该公司开发的机器人系统由 4 台垂直多关节型机器人、1 台三维视觉传感器、1 台二维视觉传感器、操作台、货盘构成。第一台机器人上装有三维视觉传感器，从零散的零件中一个一个地挑出零件，然后将它们放置在平展的操作台上。第二台机器人上配备有二维视觉传感器，在确认了放置在操作台上的零件的姿势后将其抓起。

如果是普通零件，则由第二台机器人对货盘上的零件进行排列。如果是复杂的零件，不仅需要操作台上零件的姿势符合要求，还需要机器人对零件进行翻转处理。为此，第二台机器人负责把零件传递给第三台机器人，将零件调整为符合要求的姿势（图 9-2）。接着再传递给第四台机器人，对货盘上的零件进行整理排列。

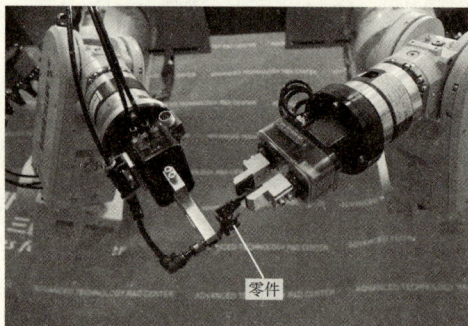

图 9-2　各机器人正在接受并传递零件，调整零件姿势。
　　第二台机器人向第三台机器人递送零件的时候，会进行零件的翻转。

最大的技术攻破点并不是对不同形状和姿势的零件进行整理，而是要通过其放置在平展的操作台上的状态来进行识别。

在平展的操作台上规定好零件的姿势

从识别的观点来说，第一台机器人从散装零件中找出向上突起的零件，并决定其持握位置。用两台小型照相机，利用从视差角度描绘出三维画像的三维视觉传感器，识别高度方向距离最小的突起部分。

然后，进一步确认其周围是否留有持握零件的空间，决定应抓取的零件和持握位置。机器人会抓起该零件，将其放置到平展的操作台上。这样一来，零件的姿势会被操作台的平面限制，因此容易对零件的形状和姿势进行识别。

负责进行识别的是搭载在第二台机器人上的二维视觉传感器。根据传感器识别出的零件影像，推算出零件的形状和姿势。

今后，三菱电机将会把该机器人系统导入到 FA 事业总部的热敏继电器（大型继电器）的组装现场，对系统的可靠性进行确认[1]。此外，三菱电机在将该机器人系统中的重要技术——三维视觉传感器商品化的 2012 年计划中指出，不排除把这次开发的软件的一部分作为该传感器的中间设备提供给客户的可能性。

此系统的硬件使用了 4 台机器人，成本（除去三维视觉传感器）约为 1000 万日元。该公司估算，需要进行排列的零件种类只要超过 10 个，与使用零件供给装置的零件供给系统相比，引进该系统在成本上就会更有利。

---

[1] 对能否长期运作、初期能力能否持续发挥等可靠性进行确认。

第 10 章
本田寄居工厂生产线

　　作为日本国内最新的成车工厂，本田公司琦玉制作所的寄居工厂（琦玉县·寄居町）已正式启动（图 10-1）。工厂于 2013 年 7 月开始生产，同年 9 月实行两班倒制的不间断生产。同年 11 月 7 日举行记者招待会，面向媒体公开了生产线。本田寄居工厂每天生产新型"飞度"1050 辆，生产间隔时间低于 50

图 10-1　寄居工厂全景
　　引进众多最新生产技术的"生产技术母工厂"在成本竞争力中表现出色。生产数量为 25 万辆/年，生产包括小型车"飞度"系列［SUV（跑车、多功能车、汽车）和轿车］在内。具备冲压、焊接、涂装、树脂制零部件（汽车保险杠及仪表盘）成型、组装、成车检查的全套流程。员工约有 2200 人。

秒。寄居工厂今后的目标，是在生产数量增加的同时，缩短生产间隔时间。

在汽车行业，也有人这样形容寄居工厂，称其是"日本最后的成车工厂"。事实也是如此，日本国内汽车销售已经出现了减少的态势。"日本不再需要新的成车厂了。"这是本田公司以外的日本汽车制造商的真心话吗？如果只面向正在缩小的日本市场，那么要想回收建设新工厂所花费的巨额投资金额是很难的。

寄居工厂负责人河野丈洋说："其实，如果只面向日本国内市场进行生产，修建这个工厂是没有必要的。"因为要在寄居工厂开工，本田公司将同样是成车工厂的崎玉制作所的狭山工厂内原有的两条生产线中的一条停工了。如果不停工，从生产数量来看，寄居工厂的开设是没有必要的。那么，本田公司究竟为什么要建造这个新工厂呢？

孕育强大的生产技术

前本田公司董事长伊东孝绅明确回答说："寄居工厂是担负生产技术进步重任的母工厂。"本田公司曾有一个强势提升计划，即到了 2016 年要将在全世界的汽车销售量从 2012 年度的 400 万增加到 600 万。为此，本田公司必须拥有竞争能力强的海外工厂。为了开发可以输出到海外工厂的先进生产技术，本田公司才建造了寄居工厂，并且考虑在今后启动的墨西哥、泰国、中国以及巴西等海外新工厂中运用寄居工厂孕育的生产技术。

新生产技术的最大目标是大幅提升成本竞争力，将"本田自制（寄居工厂内制）部分的制造成本降低三成"（河野孝绅）。为此，工厂引进了彻底削减工序、合并工序以及缩短工序的"紧凑型生产线"，废除了每款车型的专用设备和专用夹具，转为使用可以应对多品种车型的机器人。在装配工序，最引人注目的是为减轻作业人员的负担而导入的多台自动化设备。实际上，寄居工厂的组装工序是"全本田自动化率最高的"，河野孝绅自豪地说。下面，就介绍一下在凝聚了本田公司技术精粹而开发的生产技术中，极为优秀的技术内容。

▶ 一条全自动冲压生产线

首先，冲压车间设置了高速且紧凑的全自动冲压生产线——"高速高周期生产线"。按常规，每天生产1000辆汽车的工厂应使用2条冲压生产线。而本田公司使用了比传统的连续冲压次数（spm）多的4台高速伺服冲压机，构筑了从钢板（工件）成型到车身组装、模具更换直至供给焊接线的一条全自动化生产线。

技术方面的要点，是使冲压机高速运转的同时，在冲压机之间高速运送工件的高速搬运技术。本田开发出了尽量使冲压机和搬送机同步工作的控制技术，把最大连续冲压次数提高到了20spm。此外，还利用机器人实现了模具更换的自动化，将模具更换时间缩短至75秒。而以往的手工更换需要18分钟。

通过以上措施，在狭山工厂需要五班倒才能完成的生产量，在寄居工厂只需三班倒就能应对。也就是说，生产效率提高了40%。

▶ **内骨架的焊接工序**

在冲压生产线上成型的钢板要送往焊接生产线制造车身。一般来说，焊接生产线存在初期投资和生产新车型的投资都很大的课题。于是，寄居工厂将开发尽可能紧凑的、设备更少的焊接生产线作为下一个目标。

寄居工厂焊接生产线的特征是：先形成内板（内层面板）骨架，然后在其周围贴上外板（外层面板）组成新型车身骨架"内骨架（inner frame）"（图 10-2）。钢板之间的接合尽量只用点焊，削减了 MIG 焊接（Metal Inert Gas，熔化极气体保护电弧焊）和螺栓紧固等加固用的后工序。这些措施在降低成本以及减轻车身重量方面起到了重要作用。例如，使得 MIG 焊接的打点数量减少 44%，重量减轻 30% 成为现实。为了实现这个目标，本田公司将以往的 GW（General Welding，大型综合焊接）工序分成了焊接内骨架的"内部 GW"工序和焊接外板的"智能GW"工序这两个小型工序（图 10-3）。

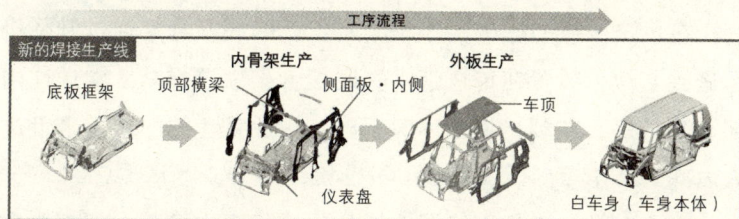

图 10-2　新型车身骨架"内骨架"

在底板框架焊接内板制造出内骨架后，在其四周焊接外板组成白车身。图中显示的是轻型汽车"N－BOX"的车身，不是寄居工厂生产的"飞度"的车身。

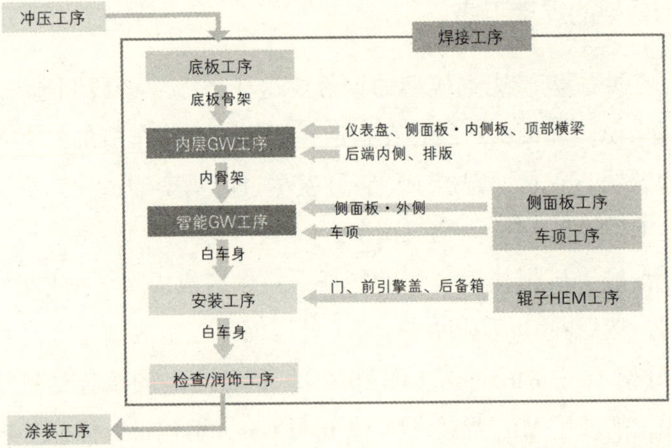

图 10-3　寄居工厂的焊接工序

最大的特征是制造车身的大型综合焊接（GW）工序被分成了紧凑型的"内部 GW"工序和"智能 GW"工序两个部分。内部 GW 工序是在底板骨架上焊接各内板形成骨架，智能 GW 工序则是在内骨架上焊接各外套面板。

在焊接工序中还有三道子工序，制作底板骨架的底板工序、制造汽车外侧板的侧板工序和制作顶部的车顶工序。其中，底板骨架是在"内部 GW"工序中生产的（图 10-4）。

在厂房 1 楼的底板工序车间所生产的底板骨架通过升降机运送到 2 楼，放置在传送带上。底板骨架就这样从 2 楼送往内部 GW 工序，在到达该工序时下降，被放到 1 楼的传送带上进入内部 GW 工序。

在内部 GW 工序，机器人抓住仪表板、内侧板、顶部横梁等内层面板，组装到底板骨架上。确定好内层面板的位置之后，焊接机器人就会以点焊的方式将内层面板焊接到底板骨架上，制造内骨架。

负责焊接的机器人共有 10 台。机器人是超薄型的，便于靠近工件，即使密集配置也能避免干扰，进行高速作业［图 10-5

图 10-4　生产内骨架的内部 GW 工序

　　搭载到身前的传送带上，底板骨架即可被传送到内部 GW 工序。在内层 GW 工序中，由机器人负责定位并供给内侧面板、进行点焊，组装到底板骨架上面。首先在此将底板骨架和内侧面板安装好，机器人抓住内侧面板，然后放置在底板相应的位置。接下来由 10 台焊接机器人高效执行点焊工作。

（a）]。机器人顶端安装的点焊工具也比过去缩小了，提高了可操作性［图 10-5（b）]。此外，通过同步控制焊接机器人的动作和点焊工具的开关，可以缩短每次打点动作的时间。

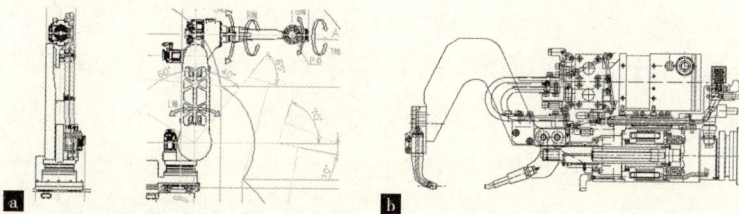

图 10-5　焊接机器人和电焊工具

　　（a）焊接机器人。由左侧的正面图可知，窄机身便于接近工件。(b)电焊工具的整体结构。这个结构安装在机器人的顶端。将其小型化之后，转动更方便了。

▶ 外侧板的焊接工序

在内部 GW 工序制造的内骨架接下来会被送入智能 GW 工序。如前所述，要在内骨架周围焊接外侧板和车顶等外板。这一步会将以往的组装工序和焊接工序统合成一道工序，形成一个紧凑、集中的生产线。

该工序的技术要点在于确定零件的安放位置。过去的 GW 工序是在车身左右放置大夹具来确定零件的位置。与此相对，智能 GW 工序则是利用持有小型夹具的机器人从前后方向确定车身位置。这样一来，就能在车身两侧留出空间，更便于机器人接近车身。

而且，与内部 GW 工序相同，智能 GW 工序也采用同步控制窄机身高速焊接机器人的动作和点焊工具开关的方式。1 台焊接机器人单位节拍内的点焊能力是 12 点，较过去的 6 点提升了 1 倍。

可见，过去的 GW 工序所需的 16 台焊接机器人，由于采用智能 GW 工序而减到了 10 台，设备的基础部分通用投资就减少了 30%。而生产新车型所需的专用投资则有望减少 50%。

智能 GW 工序的流程如下：首先，从内部 GW 工序运进内骨架，再利用升降机把子工序制造的左右外侧板从 2 楼降下来，组装到内骨架的侧面。接下来，同样将在车顶工序中制造好的车顶从 2 楼传送下来，安装在内骨架上。之后，再由前后设置的机器人确定内骨架的位置，并通过焊接机器人进行点焊，制造白车身。

应当注意，供给外侧板的高度需要降低到操作员伸手可以够得到的位置，在指示机器人的动作时要考虑易操作性。

▶ **利用机器人进行包边工序**

在智能 GW 工序中制作的白车身，在下一个工序中安装上车门、前引擎盖和后备箱等覆盖件后，就成了完整的白车身。该工序也会使用机器人，覆盖件的组装以及紧固螺丝都是自动化的。

子工序中生产的覆盖件是将 2 块内板和外板焊接而成。外板边缘略长，因为这部分需要进行卷折（包边）加工。寄居工厂在该工序中导入了一种叫作"辊子 HEM"的新型包边机。

过去的包边机是大型冲压机和模具的组合设备，通过冲压成型进行包边加工。如今，包边机与机器人相结合的结构简单的"辊子 HEM"取代了原有方式。

辊子包边机是通过推压辊子进行包边加工的机器。该机器中有两个辊子，一个用来引导模具，另一个用来弯折覆盖件边缘处的外板部分（工件）[图 10-6（a）]。该机器被安装在机器人的顶端来进行包边加工，工件的初始状态呈 90° 弯曲。把辊子推压一个半来回就能完成包边加工 [图 10-6（b）]。每个工件会用到 4 台辊子 HEM 机器人。

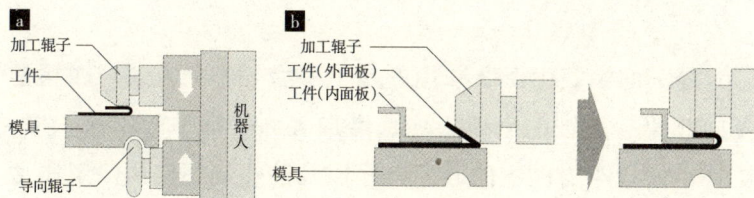

图 10-6　包边加工用的 HEM 辊子
（a）机器人的顶端安装的包边用的辊子机器。有加工用的辊子和引导用的辊子。前者用于包边，后者用于导向，沿着模具的导槽滚动。(b）包边加工的流程。在初始状态呈 90°（垂直）的加工件上推压辊子，推压一个半来回就能完成加工。

通过这样的简化处理，辊子 HEM 能让生产新车型的设备投资减少 50%。而且由于提高了加工形状的自由度，还大幅度削减了能耗。

▶ 省去中涂工序

寄居工厂涂装工序引入了全球最短的车身涂装生产线——"Honda Smart Ecological Paint"（图 10-7）。通过工序的集成和削减，生产线长度较以往缩减了 40%，是一条紧凑型生产线。

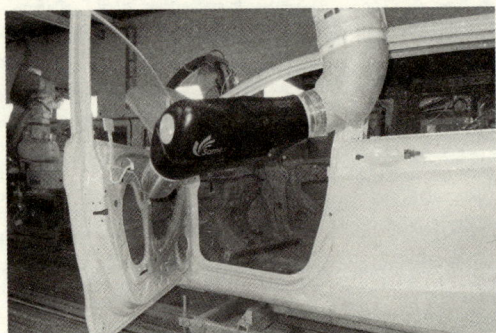

图 10-7　投入新技术的车身涂装生产线
"Honda Smart Ecological Paint"去除中涂工序，削减烘烤工序，使生产线长度缩短 40%。

过去的涂装生产线采用的是"四涂三烤"方式。四涂是指防止钢板腐蚀的电镀工序、增加表面平滑性的中涂工序、更好地表现车身颜色的着色工序以及防止划痕的清漆工序这四次喷涂，除了着色工序之外的三道工序在完成后都需要立即进行烘烤。

而寄居工厂涂装车间的生产线省去了中涂工序。开发了兼具中涂和着色功能的"第 1 / 第 2 基础工序"。统合成了由电镀工序、烘烤工序、第 1/第 2 基础工序、清漆工序组成的"三涂二烤"方式。这样就减少了喷涂区和烘干炉的数量，可以节省 40% 的能耗。

在涂料喷涂技术方面，通过改变涂料的喷出模式，较大面积以及细节部位均可由同一台机器人完成喷涂。由此减少了油漆的损耗、机器人的数量以及涂装生产线的长度，削减并缩短了工序。

▶ 回收喷涂保险杠时的漆雾

汽车保险杠及仪表盘是树脂成型零件，在涂装生产线中，引进了减少环境负荷的"DRY（干式喷涂）区"。回收在涂料喷出后没有附着在树脂成型件（工件）上的漆雾。

过去的喷涂区是用水来回收漆雾的［图 10-8（a）］。与空气（吸气）一同溶于水（水洗装置）中的漆雾虽然能在水中被回收，但排气时会因带走水分而使温度下降。因此，使空气再循环时，需要对空气进行除湿和加温，这会消耗大量的空调能源。

与此相对，干式喷涂区不需要用水。取而代之的是一种称为预涂剂的吸附剂。具体来说，就是碳酸钙粉末和组合使用过滤器的预涂系统。之所以选用碳酸钙粉末作为吸附剂，是因为其和沸石等相比成本较低。

该系统放置在喷涂机器人的地板下方［图 10-8（b）］。首先，在过滤器的表面放上一些碳酸钙粉末，在工序中没有粘附在工件上的漆雾便会脱落下来，通过地板上设置的排气口（预涂系统中设置的进气口）进入预涂系统。在通过排气口时，向

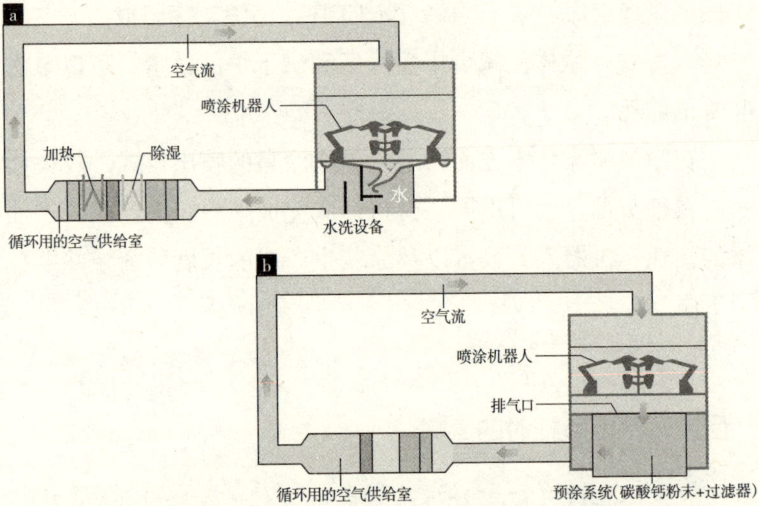

图 10-8　用于树脂成型件的喷涂车间，漆雾回收的新旧方案对比

（a）过去的喷涂车间。没有黏着在工件上的残留漆雾通过水来回收。含有漆雾的空气中因为含有水，再次流回喷涂车间时会消耗除湿和加热所使用的能源。（b）寄居工厂引进的新喷涂车间"DRY（干式喷涂）"。漆雾与空气同时被吸入预涂系统，通过碳酸钙粉末这种吸附剂和过滤器来吸附漆雾。然后，通过对过滤器加以背压将被吸附在碳酸钙粉末上的漆雾抖落后回收。

预涂系统内吹入碳酸钙粉末，使该粉末与漆雾混合。

空气通过过滤器后排到预涂系统外。在通过过滤器时与漆雾混合在一起的碳酸钙粉末被过滤器的表面所吸附。这样当过滤器表面吸附了一定量的粉末之后，通过向过滤器施加脉冲式背压，碳酸钙粉末就会连同漆雾一起被吹落，然后在预涂系统底部排出，从而实现漆雾回收。

干式喷涂区的优点是，不需要控制温度和湿度，可以节省42%的空调能源。干式喷涂区在日本的其他汽车制造商的海外工厂中有过被采用的先例，但出现在日本国内的工厂尚属首次。

▶ **一道工序完成悬挂组装**

寄居工厂组装工序的理念是"Easy Process Department"，意思是"容易制作、容易记忆、马上做好"的汽车制造（本田）。以提高产品质量、减少工作人员承受重物的负担等为目的，将九道工序自动化（图10-9）。此外，寄居工厂还将全部工序分为七个区域，通过确保每个区域的产品功能，强化了品质。

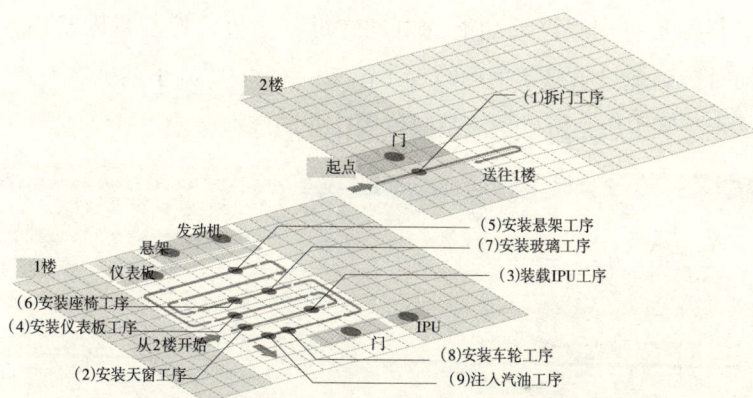

图 10-9　整体安装生产线以及九道自动化工序

组装工序的整体图。有九道自动工序，可以减少操作人员的负担。智能·动力·组件（IPU）是针对混合动力车的动力控制组件。

"多悬挂组装"实现了组装前后悬挂的自动化，是在本田自主研发的升降机和搬运台上组合使用通用机器人的装置。支持各种车型，能缩短工序、节省人工成本。由于通用性较高，还可以降低新车型上线时的设备投资。

以往的悬挂组装需要通过"后悬挂设置""前悬挂设置""结合部紧固"三道工序来完成，而寄居工厂只需要一道工序就可以完成任务。由此，减少了悬挂组装工序所需员工数量的 40%。

组装工序的具体流程如下：悬挂在挂架上的车身通过悬挂式传送带从前一工序到达组装工序后，把在子工序中安装好的前后悬架叠放在搬运台上传送到车身下方，到前后升降机的位置后停止［图 10-10（a）（b）］。该升降机通过调整上下动作的距离可支持各种车型。

提升升降机到达悬架所定的位置后，通过小型机器人顶端安装的具有伺服浮动功能的电动螺母坚固扳手控制紧固状态，同时精确地拧紧悬架上的螺母［图 10-10（c）］。小型机器人的工作范围很广，所以也能削减紧固作业的成本。

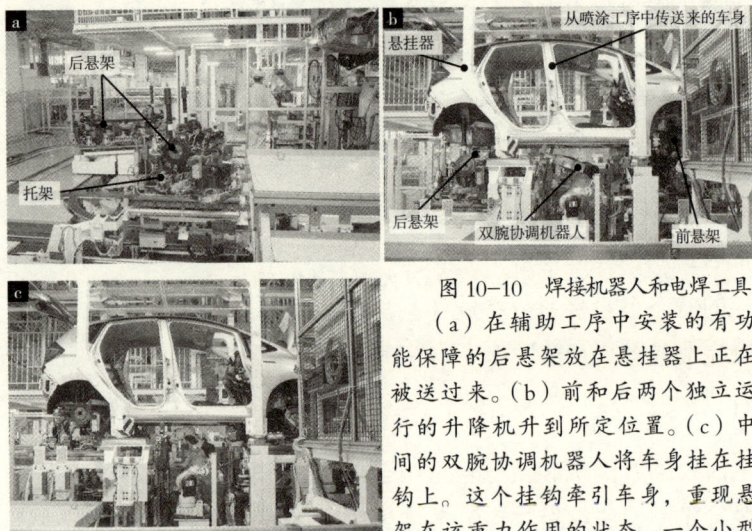

图 10-10 焊接机器人和电焊工具
（a）在辅助工序中安装的有功能保障的后悬架放在悬挂器上正在被送过来。（b）前和后两个独立运行的升降机升到所定位置。（c）中间的双腕协调机器人将车身挂在挂钩上。这个挂钩牵引车身，重现悬架在该重力作用的状态，一个小型机器人在该状态下将螺母拧紧。

人与机器人共存

在组装工序中，人和机器人合作的工序有两道：座椅自动安装工序和仪表盘的自动安装工序。为了保证人和机器人接触的过程中不会伤到人，本田与安川电机共同开发了输出功率为80W 的小马达 6 轴机器人。座椅工序中引进了 3 台，仪表盘工序中引进了 1 台。据本田介绍，"全世界也只有这 4 台"。

仪表盘安装工序中，在车身从生产线上传送过来的同时，机器人会将仪表盘运过来安置在车身上，工人则负责辅助操作。由于不需要安全护栏，所以设备的占地面积可以削减 60%。

在自动化工序中，因为比过去更加简练而削减了成本的还有车轮自动安装工序。为了削减成本，本田改变了车身输送带的传送方式。过去是在车身停下来之后才开始安装车轮，而在寄居工厂，紧固前车轮时，车身只用前进一半。因为可以在这样的状态下直接紧固后车轮，所以只需要 1 台紧固机器人就可以完成任务。最终，寄居工厂的车轮自动安装工序在车身的左右只需配置"螺母供给机器人""安装机器人""紧固机器人"各 1 台就可以了。而以往车身两侧还需要再各配置 1 台安装机器人。

除了设备的构成，寄居工厂还在其他方面下了很多功夫。例如，开发出了将通过掌握重心更容易取出螺母的系统与小型机器人组合在一起的螺母供给机器人。与过去的零部件供给机器相比体积小了很多。

第 11 章
丘比新厂房的工序内物流整改

　　丘比公司的五霞工厂（位于日本茨城县五霞町）是其主要工厂之一。2010 年，仙川工厂（位于日本东京都调布市）的职能被转移到这里，一手担起东日本的蛋黄酱生产任务。2011 年 3 月，生产低卡路里类型产品"丘比热量减半蛋黄沙拉酱"（以下简称低脂蛋黄酱）的新工厂（低脂厂房）正式开始生产运作（图 11–1）[①]。

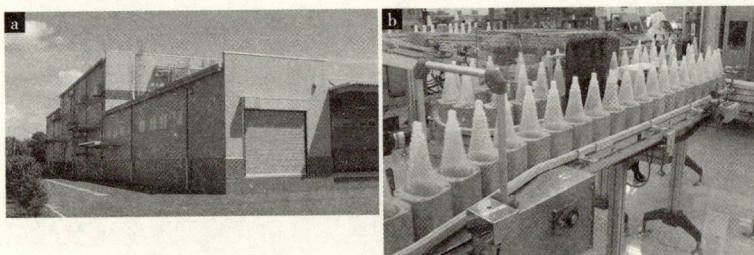

图 11–1　低脂厂房和加工流水线上的瓶子
　　（a）生产卡路里减半的"丘比低脂蛋黄酱"的厂房。（b）被固定在杯子里在流水线上移动的空瓶子。

---

　　① 低脂蛋黄酱采用被称作"微乳液法"的独特工艺，将原料混合调配到一起。该方法将植物油粒子均质化，增加表面积。经过这样制作后的产品，不仅能将植物油的量减少到一半，还能让人感到香味醇厚，不会损坏产品的口感。

　　随着消费者对产品健康要求的提高，对以低脂蛋黄酱为中心的健康食品的需求逐年增多，已经几乎占据了该公司蛋黄酱总生产量的 1/3。新建的低脂蛋黄酱厂房正是应日益增长的市场需求而建的。因为建厂房，没有足够的资金对生产设备进行投资，工厂里的设备几乎都是从仙川工厂搬来后直接使用的。运转的设备已经用了 20 多年也不足为奇。在使用相同设备的同时，如何严把卫生管理关口提高生产率都是低脂蛋黄酱新厂面临的课题。

每瓶仅需 0.5 秒

　　蛋黄酱由鸡蛋及植物油、盐、醋等调味料混合制作而成。制作流程按照原料检查、切割鸡蛋、调制、填充、封口、包装、装箱、出货的大致顺序进行。

　　低脂蛋黄酱厂房的生产线与从前相比，最大的变化在于将搅拌器调制好的蛋黄酱填充到聚乙烯制的瓶子里，封口、包装的工程（加工工程）[①]。低脂蛋黄酱厂房的加工车间内，设置了两条生产线，生产内容量为 400g 与 300g 的产品。每条生产线可在每分钟生产 120 瓶产品，按 5:00~22:00 的两班倒体制进行生产[②]。

　　接下来，让我们看一下加工流程。首先，在传送带上供给内部已充好气鼓起的瓶子。然后，分散投入的瓶子在整列机

---

①　瓶子采用了在聚乙烯层间夹入透氧性低的树脂膜的多层构造。

②　除此以外，还有两条短生产线，生产小批量的商用产品。

上被杯子固定住瓶底，保持口朝上的状态，向填充机方向移动
[图11-1（b）]。

此时，瓶子上部的
瓶口稍呈突出状。在投
入填充机前要先将突出
部分剪掉。将瓶口朝下
翻转一下减去多余的部
分，再将瓶口朝上送入
填充机（图11-2）。之
所以瓶口朝下剪切，是

图11-2　剪切前后的瓶子
　　剪切前的瓶子（右）和用切口机剪切
后的瓶子（左）。上下翻转，剪切口朝下进
行剪切。

为了防止切掉的碎屑物进入瓶内。

在加工点邻近的搅拌室内调制好蛋黄酱，将调好的蛋黄酱
通过输送管道送入加工点内。填充机通过喷嘴将蛋黄酱注入瓶
中（图11-3）。填充完后，马上将瓶中上部残留的空气替换成
氮素，迅速用瓶盖密封住瓶口。

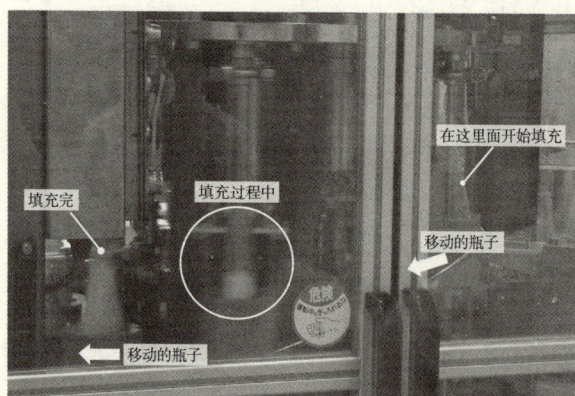

图11-3　填充机填充蛋黄酱时的状态
　　瓶子从照片中的右侧移动过来，将喷嘴插入瓶子，注入蛋黄酱。填充后
向左边移动的瓶子上部的空气被替换成氮素。每分钟可填充120个瓶子。

瓶盖的内侧，已事先预留好星星形状的挤出口和铝制薄膜。拧上瓶盖后，对挤出口部分的边缘进行局部高频波加热，星星形状的挤出口与瓶子融为一体的同时，铝膜会密封住瓶口（图11-4）。在瓶盖上打上保质期，将瓶子包装后即完成了整个产品的加工过程。

图 11-4　高频波熔融设备
利用高频波进行加热，将铝膜、星星形状挤出口与瓶子融为一体。

将二楼设置成资材制造厂

低脂蛋黄酱加工厂与以前的加工厂最大的不同之处在于重新调整了工厂内的物流，执行从开始制造瓶子到打包装箱的一体化流程。特别是在低脂蛋黄酱厂房内设置了资材制造厂，不仅能在厂房内制造出瓶子，还提高了生产率。

通常，聚乙烯制瓶子由外部的瓶子生产厂家专业成型制造，丘比购入瓶子后，将蛋黄酱填充在内。仙川工厂都是从位于川崎市的瓶子生产厂家购入瓶子，再将入库的瓶子供应给填充生产线的。

而低脂蛋黄酱厂房将生产瓶子的生产线引进了厂房内，将填充工序与瓶子制造形成一体化生产线。具体做法是将填充生产线所处一楼位置的正上方（也就是二楼）布置成专业成型的生产线。在二楼专业成型的瓶子会直接通过天棚落入一楼，进入供应填充生产线。瓶子成型与填充蛋黄酱的过程宛如一个生产线的流程（图 11-5）。

图 11-5　将瓶子运送至加工工序
从二楼的资材制造厂瓶子成型生产线直接将瓶子投入一楼的加工工序，送入瓶子整列机。

为了实现这种生产模式，丘比在低脂蛋黄酱厂房进行平面设计的阶段，就已经和瓶子生产厂家进行了探讨。填充工序与瓶子生产一体化后，丘比几乎不再需要瓶子库存了。

可迅速进行沟通

不仅如此，与瓶子制造一体化的生产模式对丘比来说，还有比不必再持有库存瓶子更重要的意义。

按照以往的模式，在填充工序中，需要对填充前瓶子里的空气量进行调整，这成为左右生产线生产率的重要因素之一。只有让瓶子膨胀到合适的状态，才能让瓶子顺利滑到传送带上并在填充时保持直立的稳定状态。五霞工厂制造 4 科科长野崎俊介表示："加工生产线上出现的问题，1/4 都与瓶子有关。"

如果说填充工程需要对温度进行管理，可大致保持在一定的温度，其他工程则更易受外部气温的影响。况且瓶子的成型过程并未进行严格的温度管理。因气温不同，瓶子膨胀的状态会受到影响，可能会在填充过程中出现问题。因此，丘比在检查瓶子状况的同时，也会请瓶子生产厂家调整空气的量。

以前因为需要持有一定量的瓶子库存，无法做到及时应对当天生产线出现的变化。又出于和瓶子生产厂家的距离等物理性原因，无法即时向瓶子生产厂家提出要求。该工厂技术科科长福家纯一说："大概只能在每个季节做一次调整。"

而如今，丘比可以随时跟瓶子生产厂家负责人见面部署工作安排。不仅能即时反馈信息，瓶子生产厂家也能对丘比所提出的要求即时做出回应。"信息传递的物理性距离的拉近，使沟通更加密切顺畅了。"野崎说。而丘比也几乎再没有因为瓶子而出现过问题。

生产率提高 10%

不仅在瓶子制造上，低脂蛋黄酱厂房内的整个物流都被进行了调整，从而大幅度缩减了从加工、出货至产品入库全过程所花费的时间。包装好的低脂蛋黄酱，最终由机器人装箱后，运送至出货的仓库（图11-6）。尽管仙川工厂也是在加工厂内进行装箱处理，但低脂蛋黄酱厂房内的机器人会将捆包好的箱子组装好运上货架，整个过程几乎都能实现自动化。

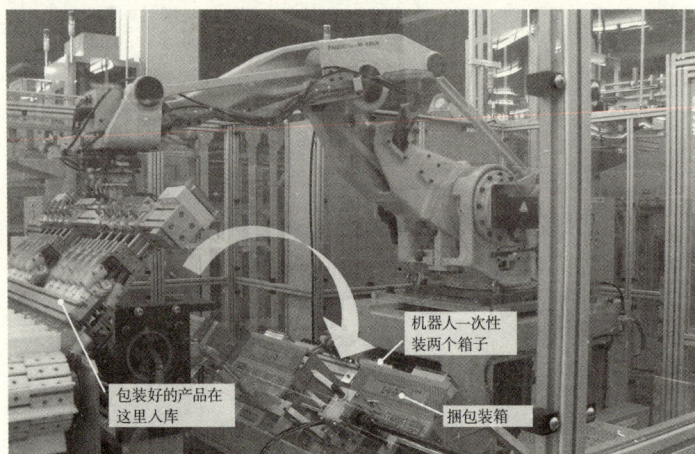

机器人一次性装两个箱子

包装好的产品在这里入库

捆包装箱

图11-6　机器人装箱工序
包装好的产品由机器人自动装箱。

装好的捆包箱可直接出库，送往收货地址。这减省了出库前的库存手续。

通过对自动化流程、瓶子成型生产线一体化等工厂内生产流程进行物流方面调整，低脂蛋黄酱厂房和仙川工厂相比，生产率提高了10%。

该厂房还进行了其他改善，如原料的整流化。特别是新引进了可对混合在蛋黄酱中的盐及调味料等粉末材料进行库存管理的自动仓库和自动搬运车。实现了将大袋中的原料计量并分成小分量的自动化操作处理（图11-7）。必要时，还可自动投

入所需量。这样就将原来的两日以上的粉末材料在库时间缩减
至一天左右，从而压缩了一半的时间。

图 11-7 自动仓库

自动仓库和自动搬运车（AGV）仅自动出库粉末材料所需要的量。出库的粉末材料自动被运送到计量设备，并自动做出计量处理。以前都是手工进行计量操作的。

10 万级别的清洁度

自动化工艺不仅节省了人力物力，提高了生产效率，还提高了卫生品质。人本身也会成为污染源，尽量避免人进入生产现场是保持卫生的方法之一。低脂蛋黄酱新厂房的另一项工作重点就是进行彻底的卫生管理。低脂蛋黄酱产品对卫生管理的要求远较以往生产的蛋黄酱（常规品）高。

蛋黄酱的原料中含有醋的成分，醋有杀菌的效果，可抑制杂菌的繁殖。这种现象被称作微生物耐性。而在植物油含量少的低脂蛋黄酱中，醋的含量也同样减少，反而是易成为污染源的水分的量增多，导致微生物耐性降低。"和常规品相比，低脂

蛋黄酱要求实施高出若干个等级的卫生管理。"五霞工厂厂长楠本正说。

通过对医药品等厂家进行考察，低脂蛋黄酱厂房实施了严格的卫生管理。除了穿白色工作服、戴帽子、进行酒精消毒等常规措施外，不进行空气浴是不允许进入低脂蛋黄酱厂房室内的。特别是要进入调制原料的搅拌室时，必须进行二次空气浴反复消毒。"干净的室内清洁度标准为 10 万级别的水平。"野崎说[1]。

加工厂在做平面布局设计时考虑到了空气流动的因素。在将瓶子插入杯子、剪切挤出口、填充、封瓶盖、包装、打包的加工过程中，卫生要求最严格的环节就是填充工序。因此，在进行加工厂的平面布局设计时，会将填充机置于空气流动的上方位置[2]，并用玻璃房将填充机和人隔离起来（图 11-8）。

图 11-8　覆盖填充机的小房间
灰色框架小房间覆盖的填充机外侧，又设置了一层小房间，形成填充机在内的双层构造。双重小房间降低了与作为污染源的人的接触的危险性。

---

[1] 这里所说的 10 万级别的标准基于 Fed 209D 的规格标准。

[2] 其他对卫生管理要求最严格的是搅拌室，为了避免灰尘进入室内，搅拌室的气压被控制在较其他房间高的范围。

"以前一直靠提高每个工作人员的自觉意识来保持卫生程度，而新建的低脂蛋黄酱厂房本身就在设备层面上保持了很高的卫生程度，是近于理想的工厂建筑典范。"楠本自信地说。旧的仙川工厂本来也希望能够重建新厂房，但一直未能实现。新建的低脂蛋黄酱厂房解决了卫生方面的构造问题。

短期内完成整个公司的搬迁

转移设置生产设备并不是靠简单地改变场所就可以完成的，必须将设备分解后重新组装。"稍微有一点儿出入，都无法进入下一个步骤。"福家说道。所以，在建设低脂蛋黄酱厂房时，丘比就将所有第一线的设备负责人集中到了一起，商讨如何能在短期内完成整个工厂设备的迁移。当初计划用三个月完成整个过程，但实际上仅用了两个月就完成了任务。

这显然不是简单的设备搬移。例如，在填充工序中，移动瓶子的高度调整到了 1200mm。而仙川工厂的生产线这一高度较低，工作人员在做维护或调整工作时必须弯腰作业。低脂蛋黄酱厂房吸收了各方的意见，即使是细微之处也都做出了调整①。

---

① 在移动固定设备时，考虑到了提高耐震性等因素。在东日本大地震中，这些措施都发挥了作用。尽管出现了货物倒塌、资材供给停止等影响，设备却都未损毁，震后一周就全部恢复了原有的工作状态。

第 12 章
理光的零件策划、设计和库存管理

　　用产品和生产设备等产生的大数据的动向，正在所有的行业中推进。理光公司就是加速引进大数据运用的企业之一。此前，理光在客户那里运行的复合机的数据，主要在提高客户的便利性以及提高客户公司的保修业务的效率方面起到了很大的促进作用。为乘胜追击，理光在产品的策划和设计、零部件的库存管理等方面也开始应用大数据。

从原稿的趋势预测消费量

　　理光公司在 100 多个国家和地区开展了有关复合机业务运转数据的应用服务 "@ Remote"。该服务的内容涵盖故障自动通知、故障原因分析、固件更新、碳粉盒自动发送、报告等多个方面。如果将此服务的前身也算在内，那么理光公司在 20 年前就开始向客户提供应用运转数据的服务了。全世界运转的理光公司制造的复合机有近六成是该服务的适用对象。

　　以往是通过电话线收集必要的最小限度的数据。近些年来，在互联网上实时把握复合机运转状况成为可能。其中，很多机型能够收到 2000~2500 种数据。随着数据种类和数据量的增加，理光公司逐渐扩大了通过 @ Remote 获取的数据的用途。具体来说有（1）决定产品的式样；（2）优化零部件设计；（3）管理耗材库存等（图 12-1）。

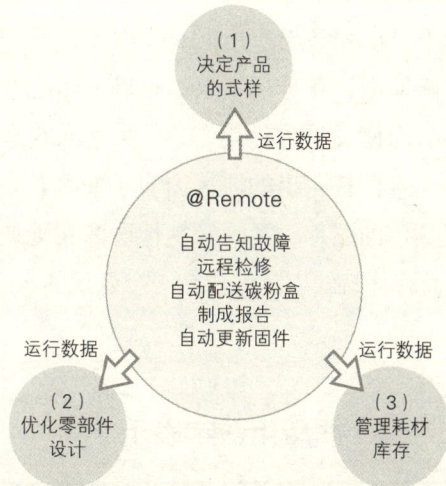

图 12-1　大数据的用途
　　正在扩充通过 "@ Remote" 而获取的运行数据（大数据）面向客户的服务。

　　（1）的例子可以列举出：碳粉盒的自动发送时机，按照个体单位设定规格。当残碳粉量开始减少时，即使客户不进行特别委托，@ Remote 也能提供配送碳粉盒的服务。以往，每个机种的碳粉残余量的阈值都是统一的，但根据客户的运行条件不同，碳粉的消耗速度是有差别的。实际上，在新的碳粉盒配送到货之前客户使用的碳粉就已经没有了，导致客户无法复印或打印文件的事情频发。如此一来，即便创造了自动配送碳粉盒的功能，也无法让客户充分享受它的价值。

　　理光公司执行的方案是，通过碳粉盒自动发送的碳粉余量通知，分情况一个一个地设定阈值。通过@ Remote 依据实际的运行条件调查碳粉的消费速度，在此基础上为每一个个体设定最适合的阈值。这样一来，客户就不会为"碳粉没有了"的警告而感到困扰，能正常使用复合机进行工作了。

　　（2）的例子可以列举出：根据故障发生前后的运行数据可以详细分析故障原因，在分析结果的基础上考虑改善零件的耐久性等问题，从而使设计最优化。（3）关乎碳粉盒和感光体等耗材，根据各复合机打印出的原稿内容（文字较多的文章，或者是使用多彩颜色的照片、漫画等）情况高精准地预测出耗材的消耗量，从而将耗材的库存维持在一个合理的水平。

质量用数字表示

　　理光公司的方针是进一步扩大数据的应用范围。其中之一就是故障预测。现已有商务用印刷机等一部分产品导入了该功能，具体来说，就是关注感光体的带电性能和曝光性能等主要特征值，通过在这些值的时间轴系列数据中运用图形识别技术来捕捉故障征兆，在故障发生之前及时更换感光体。通过这个方法，不仅可以预防由于感光体的原因引起的较高的故障率，还可以将更换感光体的次数降到最低限度。对客户来说，复合机故障时间减少了，使用起来更加方便了；对理光来说，保修业务的效率提高了，成本也减少了。

　　推进应对全球化的发展。随着海外客户的增加，日本客户逐渐倾向于集中采购，海外各个销售据点使用的复合机由公司总部的相关部门集中采购的案例正在增加。这样的企业希望通过共同的指标来管理各个销售据点的复合机运行情况。随着需求的日益增加，运行状况报告的格式也越来越统一了。而以往，日本、北美、欧洲等地区都是各不相同的（图12-2）。

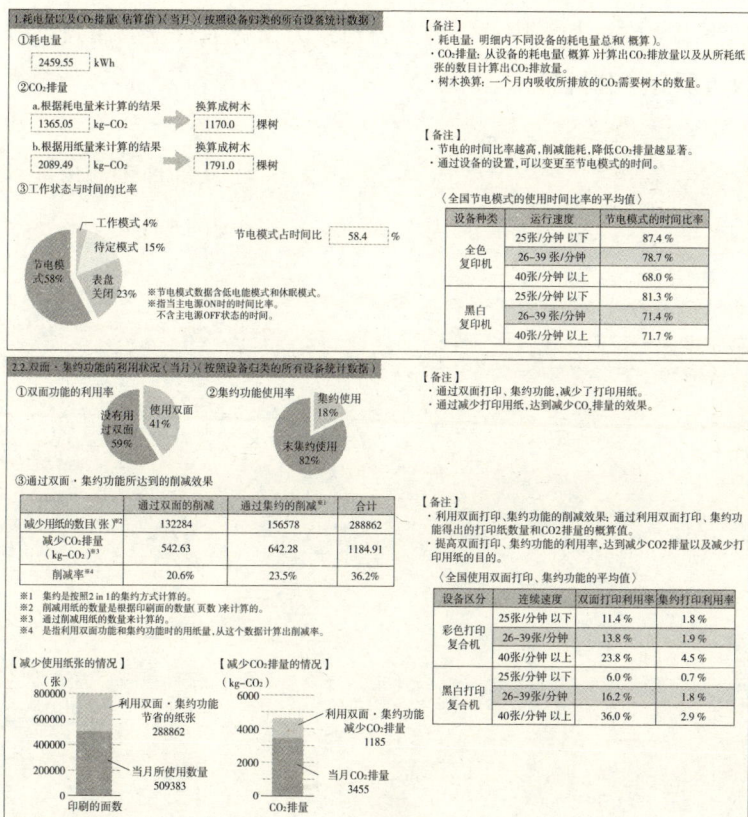

图 12-2　报告书示例

概括了针对日本顾客的复合机的运转状况报告。不同地区报告的格式也各式各样，今后将进行统一。上表根据理光所提供的报告的样本重新编辑而成。

理光公司的全球市场总部售后服务 & 技术支持统括中心所长高井直也说，海外的客户在购入复合机的时候，常常对于运转率有较高的要求。这时候，关于运转率状况的详细报告就会成为质量保证的相关证据，从而确保销售额的增长。

理光公司正在探讨对复合机以外的产品提供同样的服务。随着节能意识的加强，客户希望掌握耗电量和二氧化碳排量等的需求也在增加。因此，理光公司致力于将大数据应用到投影仪等所有办公机器。

第四部分

进击的数字化车间

第13章
打造极致的无人化生产线
进一步加速实施工厂自动化

乍一看，日本国内的工厂里几乎没有人了。可是，设备的检查、维护、切换调整等工作还是需要人和人的智慧的。为了进一步减轻人的负担，便有了"IoT"和"M2M"，也就是网络大数据的高度运用。接下来，我们来看看日本工厂的数据应用实例。

各种机器通过网络相连，即"物联网（Internet of Things）"，或称为"M2M"（Machine to Machine）。通过这一手段，日本工厂已开始改变。

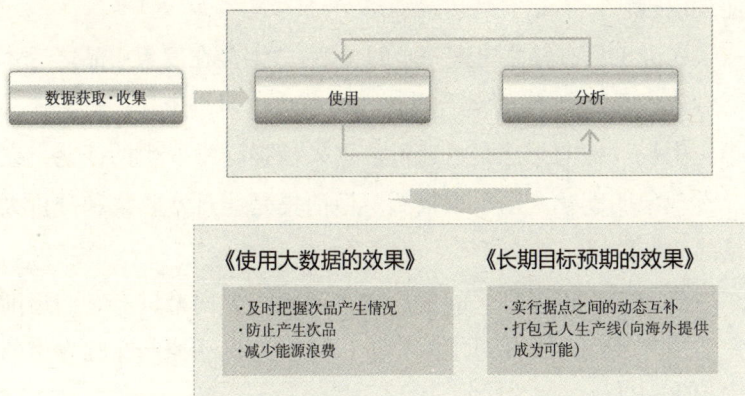

数据获取·收集	使用	分析

《使用大数据的效果》
·及时把握次品产生情况
·防止产生次品
·减少能源浪费

《长期目标预期的效果》
·实行据点之间的动态互补
·打包无人生产线（向海外提供成为可能）

图 13-1　实现高度数据应用的工厂

获取并分析目前尚未利用的数据，仔细排除次品及浪费。自动控制也能有效防止次品和浪费等问题的发生。

通过获取并分析安装在设备上的诸多传感器传出来的大量数据，就能够在实现先进的自动化的同时，彻底削减生产活动中生产的浪费。也就是说，应用大数据的日本工厂正在不断增加，它们正在实施着毫不逊色于美国"Industrial Internet"及德国"Industrie 4.0"的新举措（图 13-1）。

竭尽全力排除因异常导致的浪费

运用大数据首先能减少浪费。为了减少次品的发生，各家企业做了各种各样的努力，但由于无法完全掌握突发异常情况的可能性，所以由异常产生次品的可能性难以降低为零。而通过分析实时监控数据，就能够在次品出现的一瞬间检测出来，虽然无法阻止第一个次品的产生，却还是能防止次品的连续出现。

先进工厂有较之更进一步的见解。"不能在发生次品之后才讲对策，要防患于未然。"丘比执行董事、伊丹工厂厂长时任久雄先生说。他的想法是，通过数据来捕捉异常发生的征兆，在异常现象明朗化之前采取措施。但前提是能日常收集和分析大量的详细数据。

节能工作进展良好的工厂也在向同一方向推进。它们逐渐完善了在所用电力超过上限之前，将电力自动控制在临界值的工作机制。

让工厂自主运行

　　分析、活用大数据的进一步成果便是极致的无人化。许多日本工厂已经没有操作生产设备的人员了。但监视机器的运行状况、定期检查有无异常，也就是说担任工厂神经系统的负责人还在。需要随机应变的工作，还是需要人来进行判断的。

　　而 IoT 和 M2M 有可能取代工厂神经系统，不仅能观察单一数据的过往变化，还能让同时分析多重数据变得更容易。根据数据分析结果，作为定量的规律来判断目前根据单一数据无法判断的异常征兆，这种可能性是有的。如此一来，异常的检测和处理，就能在某种程度上自动进行了。

　　在收集大量数据的基础上，无法自动修复、处理的问题可以及时通报给生产线和设备的具体负责人。如果工厂负责人不清楚状况，也可以让对设备和生产工序更加熟悉的专家根据详细的数据，远距离掌握一定的情况。

　　也就是说，活用大数据利于构建即使是工厂内无人员也可以自主运行的工厂。工厂的厂房、生产设备以及相当于神经系统的数据应用·分析系统，更容易成为一个整体。借用东京大学研究生院制造业经营研究中心特派研究员吉川良三先生的话，就是"工厂整体可以被打包"。这样的话，工厂向海外的扩展也就变得简单了。"原封不动地提供给海外的工厂并获取回报"也是有可能的。

丘比伊丹工厂：通过数据捕捉次品产生的预兆

在丘比伊丹工厂，蛋黄酱由鸡蛋等原料制成，然后灌入容器进行包装，这是一个花费大量人工的工厂。蛋黄酱的生产方法虽然是很早以前就确定好的，但也还是在不断努力改进。其中的一个方法就是获取并分析新的数据，自动诊断厂内的情况。

该工厂的每个蛋黄酱生产线上都新导入了一台用于采集数据的 PLC（可编程逻辑控制器）①。从安装在生产线上的传感器中获得数据，并由这个 PLC 统合。收集到的数据会被传送到上级计算机（服务器）中，在那里通过详细分析自动诊断生产线的情况。

PLC 接收到数据时，能够在明确判断有异常发生时，立即发出警报并终止机器运转，以防止次品产生事态的扩大（图 13-2）。

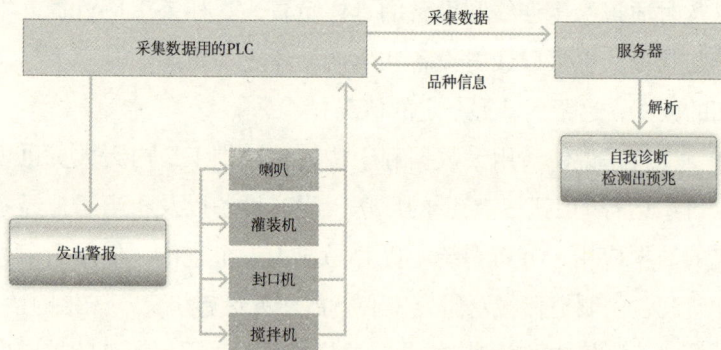

图 13-2　丘比伊丹工厂的数据应用
在生产设备上安装传感器，通过 PLC 统合数据并运营管理。同时，向服务器传送各种数据，判断问题情况。

---

① 导入欧姆龙生产的 PLC。

▶ 设备自身检测出异常

以往，工厂主要靠现场的负责人通过检查来判断设备的运行情况。例如：使用手提式转速计测量设备的运行速度，使用振动表检查振动情况，再通过检查结果人工判断是否有异常发生。

丘比伊丹工厂的蛋黄酱生产线，尤其是装瓶生产线基本上是没有人的，也没有配置直接操作机器的人员。但是，检查设备和判断异常是负责人的工作。负责人每隔几小时就会检查一次事先规定好的设备，如果没有发现异常就判断能够保障生产出来的产品没有问题（来自工序的质量保证）。然而，一旦发现异常，就要追溯到上次检查的情况，而这期间生产的产品全部要再次检查。

新导入的这个方案是，在工作人员判断有异常情况之前，设备自身就能够做出判断。例如：有一个热封包装工序用于在填充好蛋黄酱的容器外面包裹一层薄膜（图 13-3）。该工序使

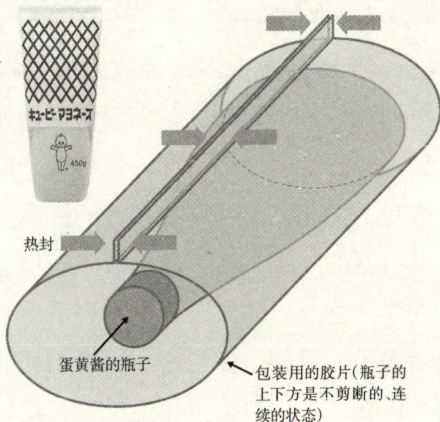

热封

蛋黄酱的瓶子

包装用的胶片（瓶子的
上下方是不剪断的、连
续的状态）

图 13-3　包装封膜工序

薄膜热封工序，其设备温度太高或者温度太低都会产生次品。以往都是在温度超过一定范围时被判断为异常，而如今的目标，是捕捉超出标准温度范围之前的征兆。

用的设备（封膜机）在每加工一个产品时，都会对用于热封的薄膜加热部分的温度、压力以及热封所需时间等数据进行收集。如果这些数据在正常范围内的话，则判断不会发生热封失败。也就是说，"每生产一个产品就会检测一次设备的状态。"丘比生产总部生产技术部组长伊东正彦先生说。

▶ **通过分析数据掌握征兆**

然而，如果只是实时监控数据，就只能在次品发生之后才能探知异常。但是，丘比的原本目标是在次品发生之前探知。就前面所述封膜机的情况来看，温度、压力以及热封所需时间超出正常范围之前，其他的某些数据可能已经表现出了一些征兆。而如果只观察一个数据的变化是发现不了那些征兆的，也许需要对比多个数据的变化。丘比希望能通过对积累的数据进行详细分析来破解这些征兆的规律。

能否通过 PLC 收集新的数据？成为故障的因素可能是什么？这些问题可以通过"分析为什么"来确定。例如，封膜机的温度异常，大致可以分为温度调节部件发生故障的情况或者温度传感器发生故障的情况。温度调节部件的故障又分为控制处理器的故障、继电器的故障、连接器的故障、加热器的故障等。再进一步，发生这些故障的原因，可以列举出来的还有部件的老化和接线错误等。所以，将与这些因素相关的数据收集到一起很有必要。以往，工厂都是监控温度这一结果的，但无法找到发现异常原因的方法。"今后要做的就是将看起来有可能是原因的数据累积起来，分析其中的因果关系。"丘比公司的伊东先生说。

▶ 通过无人生产线追求最高效率

　　数据分析的结果如果能够清楚地作为异常征兆的比对指标，则只要将这些数据录入 PLC 便能进行工厂的实时监控。在次品发生之前，PLC 不仅能判断出征兆、预测未来、自动执行对策，还能根据需要启动 e-mail 系统，向负责人发送报警邮件。

　　上述操作，在应对日常的设备检查业务以及频度较多的异常时，可以在无人的情况下完成。如果机器设置、向生产线供给资材这些工作也能实现无人化，那么工厂在稳定的状况下是可以实行无人运行的。通过这些手段使生产效率最大化是丘比公司的最终目的（图 13-4）。

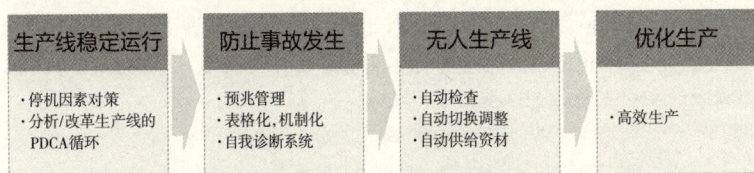

生产线稳定运行	防止事故发生	无人生产线	优化生产
·停机因素对策 ·分析/改革生产线的 PDCA循环	·预兆管理 ·表格化, 机制化 ·自我诊断系统	·自动检查 ·自动切换调整 ·自动供给资材	·高效生产

图 13-4　通过活用数据谋求生产效率最大化

　　最初期待的是生产线的稳定运行，下一个目标是早期发现问题预兆，阻断问题的发生。最终，全自动地发现和应对征兆从而使工厂实现无人化，以期生产效率最大化。

松下电器机电设备 SUNX 龙野工厂：防止电费超过峰值

　　松下电器机电设备 SUNX 龙野工厂（总部位于兵库县泷之市）按照总部工厂内的每个设备统计，大约设置了 650 台电表。将电力消费更加精细地进行"电力可视化"的节能活动在这里得到了加速。二氧化碳（CO_2）的排放量，在刚开始实施减排的 2005 年为 6590 吨。到了 2013 年削减到了 2473 吨，减少了62%。同时，电力成本也在下降。2011 年 4 月到 2013 年 11 月的 2 年半间，每个月的电费下降了 70 万日元（图 13-5）。

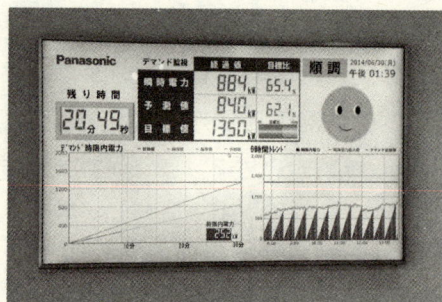

图 13-5 松下电器机电设备 SUNX 龙野工厂的电力控制板

每 30 分钟监视 / 控制使用的电量不超过目标上限值（1350kW），也就是说，要将电费控制在基本费用之内。

2014 年，二氧化碳的排放量进一步下调到了 2397 吨，而实现这一目标的方法之一就是在实时把控耗电量（按需监控）的基础上自动调控。该公司职员表示："受 2011 年东日本大地震的影响，通过耗电量的可视化来削减浪费还不够，我们重点开展了电力移峰、生产线单位用电优化等活动。"

▶ 通过每个设备上的电表采集数据

松下是制造节能设备的企业。其总部工厂是以"电量可视化"以及节能著称的示范工厂，负责为客户企业提案。

该方案的出发点是，详细收取每一台设备的电力消耗量的数据。使用具有无线通信功能的电表，可以避免复杂的接线工程（图 13-6）。这些电表还具备将来自温度和湿度（温湿度）、光照度的传感器数据一同传送的功能。

图 13-6　生产线的每一台设备都安装了一个电表

　　设备右上部的代码与棒状天线相连，测量的结果可通过无线电发送出去。

　　起初，夜间忘记关开关、休息日还向设备通电等，每台设备的电力浪费情况都是观察的重点。在基板生产线上的回流设备上加盖隔热板抑制热量释放，既减少了设备的电力消耗，又减轻了空调的负荷。由于该生产线的空调安装在房间的一角，回流设备所在的房间中央温度会高些，所以该公司在回流设备的上方增设了助压风扇，通过促进室内空气的流通，提高了空调的效果（图 13-7）。

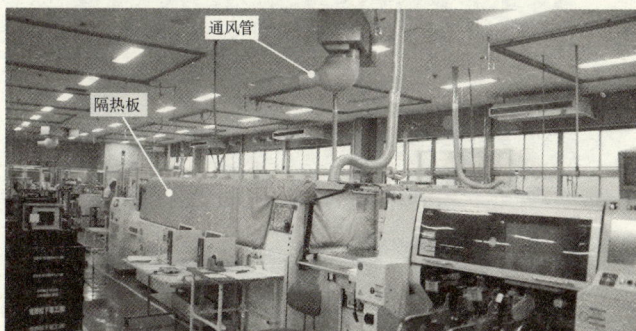

图 13-7　掌握空调状况后提出的对策

　　加盖隔热板让中央的设备（回流装置）中的热量不易散出，在它的上方加上助压风扇（从球形上伸出圆筒的一种管道）使得室内空气循环，平衡温度。

▶ 将耗电自动控制在上限以内

随着节能的进一步推进，松下又引进了根据电力和温度的状况自动调控设备的方案。使用了一种被称为"按需调控器"的控制机器。例如，当工厂的电量使用增加到快要接近上限时，几台空调就会令温度保持在允许的范围内交替地暂时关闭，执行防止电力增加的控制。

在按需调控器中，车间里设置的电表和温湿度传感器通过无线通信传送数据。当这些数据的状况达到一定条件时，按需调控器就会做出关闭一部分空调设备等一系列对机器发出的节电指令。按需调控器并非安装在办公室里，而是直接安装在了车间里（图 13-8）。

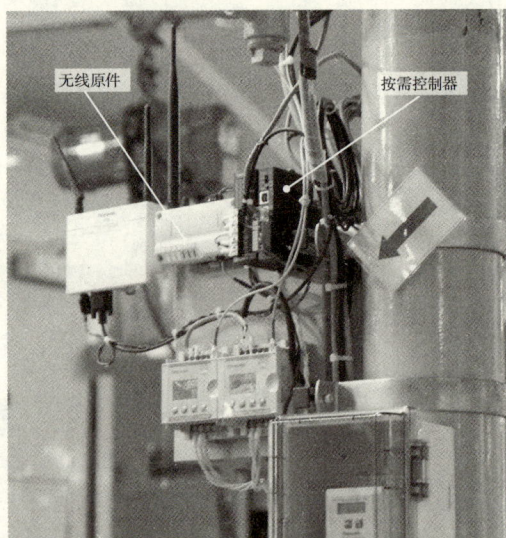

图 13-8　自动调整电力的按需控制器
　　柱子中间的盒子（箭头的左侧）是按需控制器。当电力使用量增大时，几台空调设备就会轮换关闭，节省电力。

指令的内容是关闭 3 台空调中的 1 台，一段时间之后再切换需要关闭的空调。因为不需要设定程序，很简单的操作就能够输入指令内容，所以车间的负责人可以自行设置。例如，进行模具加工的机械室已设定令空调温度保持在 24℃ ±2℃的范围内，当电力紧张时，按需控制器会在不超出这个范围的前提下自动关掉几台空调。

上述控制起到了抑制电力峰值，压缩电费的作用。工程用电等电力大客户的用电合同中，会以用电量来决定基本电费。该用电量是指每 30 分钟所消耗的电量。如果耗电量超过了合同中规定的电量，之后一年的基本电费就会增加，电费收费系统也是这样设置的。因此，系统会每隔 30 分钟监视一次电量是否即将超过基本费用，如果快要超过了，在 30 分钟结束之前，系统就会自动临时中断空调设备，抑制基本电费的上升。

东日本大地震后的 2011 年 4 月，松下的合同电量是 1800kW，2012 年 11 月则降到了 1350kW。也就是说，1 个月的电费削减了大约 70 万日元。

这种自动控制不仅可以用于节能，还可以根据生产状况用于控制设备。

日本爱思帝：分分钟掌握工厂的生产业绩

生产汽车零件的厂商日本爱思帝（EXEDY）公司启动了着眼于现场数据采集的、云基础的新型生产管理系统 "RE-IS"。此外，还汇总了质量数据以及与设备保修相关的数据等与生产技术相关联的数据，构建了可用于现场参照的"EXPRESS"系统。无论哪一个系统都以现场数据采集为前提，被灵活运用到了经营和业务中。

日本爱思帝的主力产品是用于自动变速机的变矩器（图13-9）。以往，为了顺应汽车厂商和变速机厂商向海外扩张的潮流，其已在海外23个国家设立了41家关联公司，海外据点已经齐备。这些工作有了着落之后，权衡变速机生产厂商（客户企业）的生产据点、产品品种，或者外汇汇率、零件采购成本等外在因素，选择最合适的生产据点是最重要的。为此，必须高精准地实时掌握各个据点的信息，更新采集和运用数据的机制。

图 13-9　爱思帝公司的主力产品——变矩器的主要零件构成
将金属板通过模具冲压后成型的零件较多。

▶ 从纸质记录到自动录入

过去记录生产业绩等数据时，首先要写在纸上然后录入计算机，后来则采取了通过手持终端读取 QR 码的 RE-IS 直接录入的方式。在消除库存数据与实际库存之间的出入等方面，这种方法能在提高数据质量的同时，减少现场工作人员的负担，是一种减轻工作压力的有效手段。

　　RE-IS 直接的目的效果，大致可以分为两个（图 13-10）。一个是提高可追溯性。出现故障时，能准确推断出问题产品的工序和原材料，过去一般需要 3~4 天的时间，而现在只需要 1 个小时。而且，指认的单位也从过去的一个货盘细化到一个盒子。由此，减少了发生次品时废弃或者需要再次检查的产品数量。另一个是削减制作成本。在能够高精准地获得实际业绩数据的前提下，改变了成本的计算体系。通常，由于不能获取具体的实际业绩数据，产品很难被细分，只能统一分配成本然后在财务账目上算出成本价。如今这一情况发生改变，可以算出更加接近实际值的成本价了。

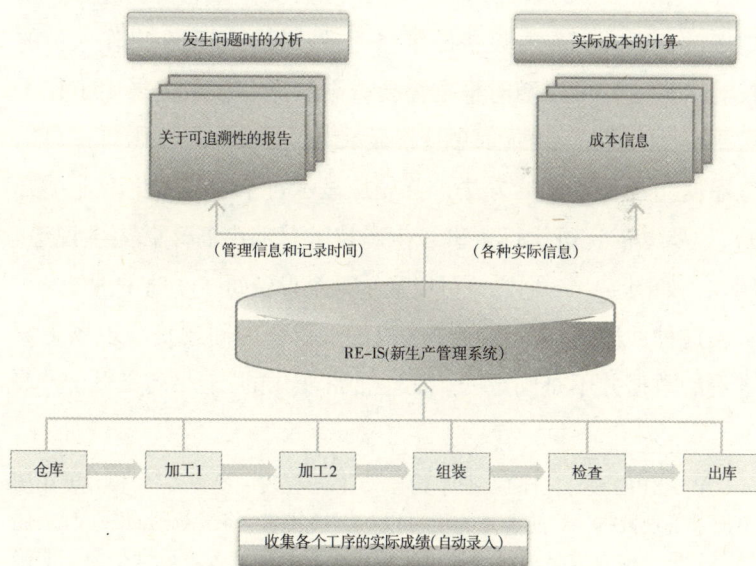

图 13-10　数据汇总到生产管理系统中的目的
　　现场的信息录入尽量使用自动化手段，数据能自动统合。利用这些可以确保数据的可追溯性，掌握真正的成本状况。

库存信息的精确度也有所提升，可以获得与实际库存误差只有 0.8% 的高精度信息，进一步做出"某工厂的库存还可以进一步削减"的判断。爱思帝的库存金额 2011 年 3 月有 72 亿日元，2014 年 3 月则已减少到了 52 亿日元。

RE–IS 系统是从爱思帝总部工厂（大阪府寝屋川市）开始导入的。爱思帝正在推进全球各个据点广泛使用"Global RE–IS"的构建。

▶ 随时掌握工厂的业绩

生产技术的 EXPRESS 系统是集中管理质量相关信息并可以供各个据点参考的系统[1]，能够实时显示工厂的情况。例如，当现场的负责人想看看设备的维修记录、想调查现在操作人员的技能水平时，可以随时根据需要查看数据。该系统采用了在不需要编程的情况下就能简单变换显示内容及设计的工具[2]。"可以考虑使用各种各样的方法，首先从显示每个工厂的生产业绩开始。"爱思帝公司执行董事、生产技术总部小岛义弘先生说道。例如，如图 13–11 那样，可以显示某个设备每 1 小时的业绩。

这种面向现场的系统要解决的最重要的问题是"现场想要查看的数据并不是固定的，而是常常变化的"（小岛义弘）。普

---

[1] EXPRESS 自身的数据库具有"QC 工程表·检查表""模具使用历史记录管理数据"。前者是为了可以与现场共享，将最新的 QC 工程表储存在云里，检查质量的结果通过平板电脑直接输入云。后者是为了明确模具的资产价值并反映到成本中，管理模具的使用业绩和维修记录。

[2] 正在使用的是 Web Base 的"MotionBoard"（WingArc Technologies 公司，总部位于东京）

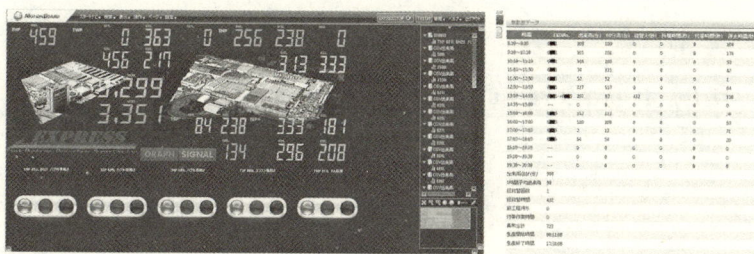

图 13-11　实时掌握业绩的画面

在现场观察工厂整体的面貌。最初以业绩信息为中心，后续会从不同的角度显示各种各样的数据。

通的信息系统要求有确定的需求，也就是说根据数据用途确定最佳数据和程序的结构之后再建立一个系统。而生产现场需要意想不到的数据的使用方法和不同的解读数据角度。

于是，比起更细致地确定整理、储存数据结构的方式，爱思帝公司采取了在数据产生时将与之可能相关的数据单纯地组合在一起，关注 Flow Oriented Approach（FOA）[①] 的方法。数据产生时，其使用方法及解读角度是不确定的，需要根据这个数据的负责人或者相关部门的实际情况而适时决定。FOA 就是对应这种情况的系统构建方法。现场负责人想将一个数据和另一个数据结合起来看看，当他有这个想法的时候，可以立即向系统发出这样的指示。

详细预测故障原因，并据此采集数据、自动处理故障因素是很重要的。当然，无法事先预测的事情，需要人工读取数据的情况也时有发生。工厂的数据应用应考虑向这两个方向推进。

① 原普利司通公司常务董事奥雅春提倡的系统构建方法。

第 14 章
开辟未来的新型制造业

　　有效利用被人们忽视掉的大数据，如机器的运转情况和生产现场的作业记录等，成为制造业日趋高涨的新动向。尤其活跃的，是运用能在问题发生之前提高质量和生产效率，提供及早预防出现问题的服务等的"进击的大数据"。

　　大数据的应用正追逐着一个开辟未来的新型制造业的脚步前行。

最新动向

▶ 大数据变不可能为可能
不断推出新举措和新服务

　　公司的生产设备和售出的产品每天都会产生庞大的数据，这些数据将给制造业带来巨大的变革。可以说制造业版的"大数据"正陆续将此前一直被认为不可能的事情变为可能。

　　例如，马自达（MAZDA）公司在生产汽油发动机"SKYACTIV-G"时就应用了大数据。每次用机床加工主要零部件汽缸体和汽缸盖时，都分别记录了其加工量和生产周期等数据。当然，不只是单纯地记录，马自达以这些数据为基础，实时调整每个零件的加工条件，达到了对汽油引擎来说极高的 14 的压缩比（图14-1）。也就是说，虽然制造的是批量生产的产品，但却像制造个别订制的产品那样，实现了绝对的优势性能（参考第 218 页案例①：马自达）。

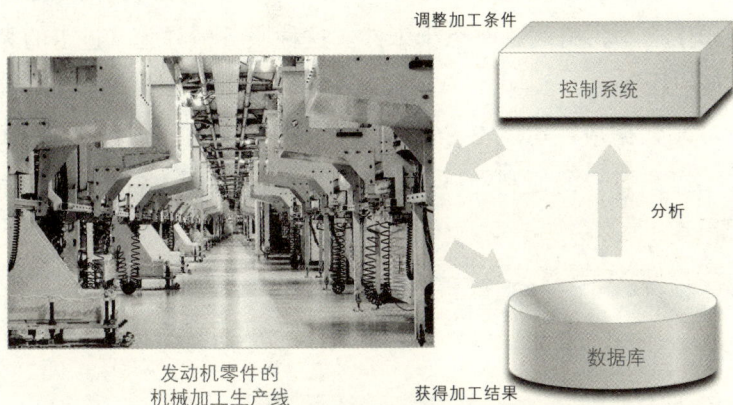

图 14-1　马自达公司的大数据应用
逐一记录发动机零件的机械加工线上各工序的加工结果，通过分析结果调整各个单体的加工条件。

与此同时，也出现了因应用大数据而挺进新服务领域的企业。天田（AMADA）公司是生产钣金加工机器等的制造商。该公司于 2013 年 5 月开始提供了一项客户服务——"AMDAS（Amada Maintenance Digital Analysis Support）"。"我们的目标是保证机械精确运转。"该公司执行董事工程服务本部长大贯正明说。具体做法是实时监控和分析机器的运转情况，捕捉机器的异常预兆。该公司的服务工程师在出故障前便建立好了应对机制，这与出现故障后技术人员奔赴现场进行检修的传统型服务是截然不同的（参考第 225 页案例③：天田）。

外部提供新的价值

以往，制造业并不是完全没有利用过大数据。不过，一般的做法是记录生产设备和产品的生产记录等，当生产线上出现不良品或售出的产品发生故障时，通过查看这些数据来发现和解决问题。而今后的需求将是在重大事故发生之前提高产品质量和生产率，将问题防患于未然。这种服务被称为"进击的大数据应用"。

大数据应用分为 3 个方向:(1)对本公司的业务有帮助;(2)提高客户的便利性;(3)结合外部知识,创造出新的价值(图 14-2)。

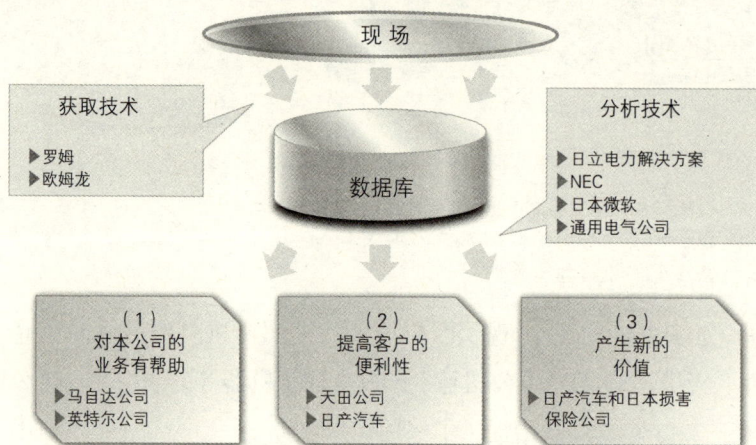

图 14-2　大数据应用的分类、获取及分析技术的定位
(1)将大数据应用于公司内部;(2)向客户提供数据分析的结果;(3)综合运用外部知识,尽可能拓展大数据的应用范围。

(1)是指应用本公司的生产设备和产品数据,用于改善产品质量、生产性能以及新产品的开发等。马自达公司的案例属于这一类。

（2）是指利用向客户销售的产品的数据来为客户提供方便。天田公司属于这一类。

（3）的案例，有日产汽车生产的电力汽车"聆风"和以其车主为对象的日本损害保险公司的个人车辆综合保险"DRLOG（Drive & Log 的缩写）"（2013 年 7 月开始发售）。该保险能让DRLOG 的签约者，根据车行走的距离来增减汽车的保险费用，并向签约者提供从安全和环境的角度分析行驶记录的服务。这些服务所需数据由日产汽车送到日本损害保险公司。这就是日产汽车储备的庞大数据加上日本损害保险公司的智慧而诞生出的新服务的案例（参考第 229 页案例④：日产汽车）。

迄今为止，日产汽车通过本公司的远程信息处理服务"日产 CAR WINGS"，向本公司客户提供了各种各样的功能。本公司的远程处理服务相当于（2），与之相对，由于向 DRLOG 提供数据，也算踏入了（3）的范畴。（2）和（3）最终都是为本公司的客户提供价值，但是（3）是借用外部的智慧来实现本公司无法产生的价值。

能在本公司内部完成大数据应用的（1）的例子比较多。但是，如果能看到大数据应用的效果，为客户提供高附加值服务的（2）和（3）的导入者估计也会增多吧。

现在正是考虑的时候

为了实现进击的大数据应用，能够适应数据的规模和处理速度的数据获取 / 分析技术必不可少（图 14-2）。获取技术是指高效获得从现场产生的生产设备和产品等数据的技术；分析技术是指尽快分析数据从而得出目标输出数据的技术。

目前尚难应用大数据的理由之一是获取 / 分析技术不太完

善。但是，随着电脑和网络性能的提高，实现获取上述数据的环境也将日益完备。现在，制造业设想的获取 / 分析大数据的技术开发以及实用化的工作都在急速发展。

在实现单个产品和技术的差异化越来越难的当今社会，大数据应用成了战胜竞争对手的有力手段。如何应用现场产出的数据，现在正是应该考虑的时候。

案例①：马自达

▶ 为实现绝对的优势性能，优化每项工作的加工条件

一台发动机约有 1 万种。这是马自达公司在汽油发动机"SKYACTIV-G"的制造过程中管理的数据量（图 14-3）。其内容除加工量、加工周期之外，还有加工表面的温度、工具的使用记录等诸多方面。马自达过去是以批次为单位进行粗略管理的，现在则是以收集数据并以个体（序列）为单位进行精细化管理的，这一点也大不相同。

为什么马自达需要如此多的数据呢？那是为了

图14-3 汽油发动机"SKYACTIV-G"
性能方面，具有压缩比 14，耗油量和热效率大幅改善的特点。在生产方面，因为标准化生产，排气量 1.3L 和同 2.0L 的模型可在相同的生产线上制造。

实现不再沿袭传统的性能绝对优势。SKYACTIV-G 的特征体现在，汽油发动机达到了极高的 14 的压缩比，大幅改善了热效率和油耗等性能。如果没有庞大的数据做支持，是不可能获得这样大的成果的。

那么，马自达是如何应用数据的呢？总地来说就是优化个体单位的加工条件，即在汽缸体和汽缸盖等主要零件的机械加工生产线中，根据每个个体实时加工量等加工条件来调整工作状态（加工部分的尺寸等），然后将工作状态和过去的业绩进行对照，得出所有个体最适合的加工条件。这种做法能控制最终组装好的发动机的性能偏差，成功提高压缩比，进而提高产品的性能。

反向思考制造便利性

这种想法对制造业来说是违反常识的逆向思维。一般来说，像发动机这样的批量生产产品，其制造容易程度十分受重视。马自达也不例外。"原本制造部门会向设计部门提出要求，使设计图便于生产制造。"该公司技术本部动力传动技术部发动机技术部门经理佐崎幸司说。这里说的制造容易程度主要是指尺寸等基准值的公差较大。

但是，针对SKYACTIV-G，马自达提出了压缩比14的目标，这是无法依靠设定大公差的传统方法实现的。制造产品的各参数必须尽量锁定在标准值附近，才能抑制偏差而实现目标。因此，马自达不得不转换成根据工作状态优化个体单位的加工条件的思考方法。

当然，改变个体单位的加工条件不是一件容易的事。弄不好甚至有扩大偏差的风险。马自达这种看似在走钢丝的做法就是因为"有庞大的数据做支撑"，佐崎幸司说。

例如，在很大程度上左右汽油发动机压缩比的一个参数是燃烧室的容积（图 14-4）。以往，马自达的技术员虽然知道压缩比和燃烧室的容积相关，但却并没有充分掌握其中的相互关系。然而，通过管理个体单位的数据，二者间的具体关系就显现出来了。根据该关系式，以个体为单位调整汽缸盖内部的加工量，使得 SKYACTIV-G 的燃烧室容积被限制在一定的范围内。当然，前提是改变加工量等加工条件，把对其他参数的影响控制在最小。

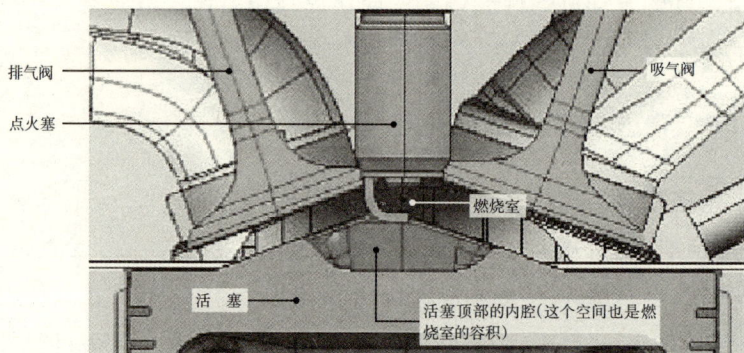

图 14-4　燃烧室
点火火花塞和吸气 / 排气阀门、活塞等围起来的部分是燃烧室。控制这个燃烧室容积的偏差是为了提高压缩比。

过去的思考方法，是将投入生产线材料尺寸和各工序的加工量等控制在一定范围内，从而让燃烧室容积的偏差变小。然而，本来使燃烧室容积接近标准值是为了提高压缩比，而管理材料的尺寸和加工量只是其中的手段。从这一点来看，若能根据各工序工作的状态实时调整每个个体的加工条件，就能直接管理燃烧室容积的偏差，使提高压缩比变得更容易。

用质量工学的手段分析数据

通过在大数据分析上下功夫，马自达还搞清楚了一些至今没有被关注的事情。其中一个是汽缸盖中特定零件的尺寸和驱动凸轮轴所必要的扭矩（以下简称驱动力矩）之间的关系。具体来说，就是通过优化特定零件的尺寸，使驱动力矩变小，从而提高发动机的功率，降低油耗。"这本该是很容易想到的，但直到相关数据摆在眼前，我们才关注到了这个问题。"（佐崎幸司）最终，这个特定零件的尺寸也如同燃烧室的容积一样，实现了加工条件的优化。

马自达使用了质量工学的手段分析大数据。在以上例子中，马自达通过"MT（Mahalanobis-Taguchi）系统"之一的"MT法"确立了两者之间的关系。MT法是能够在众多的参数中抽取相关性较高的一些参数的手法。

在佐崎幸司看来，能够实现上述加工条件最优化的主要原因，是马自达在全公司推进的"制造革新"运动中，将生产设备进行了标准化。正因为标准化使加工条件和标准值等多个参数实现了通用，才让技术员能够有针对性地对变动的部分加以完善。

案例②：英特尔

▶酌情修正生产设备的变化，考虑取消定期维护

世界上最大的半导体制造商——美国英特尔的全工厂产出

的数据，单日志数据一项就有每小时 5T 字节。曾经，英特尔积累这样的日志数据只是为了分析发生的问题。但是，近几年"为了削减成本和缩短生产线上的停机时间，我们也在推进大数据的应用"，日本英特尔（总部东京）云·计算事业本部智能系统集团事业开发经理安斋尊显说。

取消定期维护

在马来西亚槟城的处理器工厂，大数据在控制机器人方面发挥着重要作用（图 14-5）。具体来说，在将机器人完成的处理器装入检查基板插座的工序中，通过对机器人动作进行实时监控来防止不良品产生或生产线停止等事态。

图 14-5　马来西亚槟城的处理器工厂
在英特尔公司中率先开始了大数据的应用。

在将处理器装入插座时，为了将处理器的针脚插入插座插孔，必须控制机器人。如果在针脚和插孔稍微有偏移的情况下继续进行插入操作的话，好不容易制造的处理器就有可能发生故障。最坏的情况，是连机器人也发生问题，导致生产线被迫停止。

以往，为了操纵机器人反复执行同样的动作，需要编制控制程序。但是，随着时间的推移，实际动作与原设计动作之间会产生偏差。

其原因在于构成机器人的零件会过时和老化。于是，英特尔决定通过实时获取·分析机器人的动作数据来时刻监控其偏差（图 14-6）。如此一来，就能在偏差变大甚至产生不良品之前，修正机器人的动作。

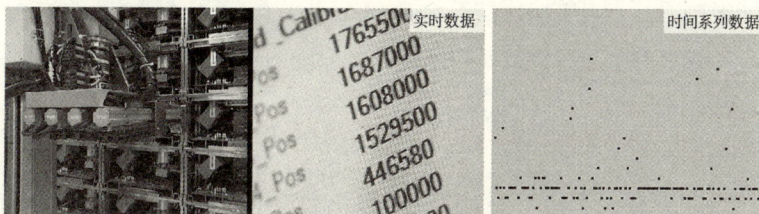

图 14-6　监控机器人的动作
实时获取、分析各种数据，可动态地观察故障和动作偏差。

这个举措不仅能减少不良品、削减成本，还能削减生产线全体停机时间。因为比起问题产生后再对机器人进行修正，在问题发生之前进行修正能节省大量工时。

"如果通过大数据应用能在故障发生之前将问题彻底修正，那么产业机械的维修思路本身就会产生变化。"安斋尊显如是说。说到底，就是也许不需要定期维修了。"现在的定期维修要么就是即使没有问题也进行的过度检修，要么就是在进行维修前机器就已经发生了故障。"（安斋尊显）但如果运用大数据，就能够根据机器和设备的情况加以适当地维修。

100 亿日元也只是"冰山一角"

马来西亚的处理器工厂自发开始了这一举措。也正是因为这样的现场行动，促使英特尔公司自 2011 年起在全公司推进大数据的应用。与大数据相关的项目数量起初只有 3~4 个，如今已超过了 10 个。

例如，在制造处理器等设备中使用的半导体晶片的工序中，通过获取、分析关于晶元状态等各种各样的数据，大大简化了检查工序。因为如果获取、分析每个晶元的数据以及制造工序的时间系列数据的话就可以锁定需要被调查的项目，从而减少许多检查工序中的浪费。

这些项目的目标成本削减额度总计约为 100 亿日元。但是，英特尔公司认为即使这样，"从总体来看，最多也只能算是冰山一角"。

接下来，英特尔公司进一步强化大数据应用的技术基础。除了对数据采集和分析技术进行开发之外，2012 年年末英特尔公司又收购了生产工业设备和飞机等的异常预测系统的美国 Scientific Monitoring 公司（以下简称 SMI）。SMI 擅长的异常预测算法与英特尔公司的技术结合，必将提高今后的故障预测精度。

使本公司的产品在开发中发挥作用

英特尔公司在大数据应用方面加大力度，不仅是为了改善本公司的业务。如果很多企业的工厂都开始推广应用大数据的话，那么产业机械专用处理器作为英特尔公司的产品，其性能要求也将被提高，就有希望获得更大的销售额，这就是英特尔的着眼点。

用安斋尊显的话来说，消费者尚未对可编程逻辑控制器（PLC）的产业终端处理器有多么高的性能要求。如果进一步推进应用工厂大数据的活动，那么实时获取和分析数据，并在分析结果的基础上实施相应控制的需求就会产生。与此同时，处理器必须实现高速化。

也就是说，通过应用大数据获得改善自己公司业务所需的知识，并使之在产品开发中发挥作用，这就是英特尔的战略。上述项目中，不仅是单纯的业务改善，英特尔也将对外提供应用软件的计划提上了日程。

案例③：天田

▶ "不停机" 服务

自 2013 年 5 月起，天田公司以钣金专用机床（图 14-7）为对象，开始提供使用从机械获取的数据进行远程维护的服务——"AMDAS"。首先，根据检测出来的故障预兆，在机器停止运行之前，抢先提供更换机械零部件以及维修服务。与故障发生之后再抢修相比，可以大幅缩短机器停止运行的时间。

图 14-7　天田的钣金专用机床
激光加工、成型、弯曲加工等功能。"LASBEND-AJ"（2013 年 5 月发布）。

服务方式发生改变

天田公司以前提供的，是从收到客户的故障通知后两天内修好机器使其再次运转的维修服务。以往，在一次性制造一定数量的钣金件的量产时期，像这样能够在短时间内修复机器已经足够快了。在启动其他机器设法继续生产的间隙，故障机器就可以修好。

但是，如今的工厂一般都在用少数的设备生产少量的产品，而且要按照客户指定的时间交货，因此"如果今晚机器停止运行，明天客户就无法按时交货"，天田公司执行董事、工程服务总部部长大贯正明说。两天后修复会影响生产。因此，对天田公司来说，"服务的方式在变化。我们不得不考虑使机器持续运行的方法"（大贯正明）。

于是，在机器停止运行之前抢先前来维护的"不停机服务"就变得很有必要了。首先，将从安装在机器上的传感器等获取的信号作为监控数据，掌握诸如"接点发生1次抖动，还有3天左右将停机"这样的故障迹象。然后，在这个阶段联系客户，带着备用零件前往工厂，当场进行修理。

运用积累的维护信息判断故障

在实现AMDAS的过程中起到关键作用的是自昭和四十年代（1965—1974年）开始维修服务的负责人留存下来的报告。天田公司的负责人将现场送来的报告全部转换成了电子文件储存下来。这些信息在判断故障的内容方面起到了作用。

实时获取数据非常重要，但这只限于能立即知道故障位置的情况。正因为能够确定需要修理的地方，负责人才能立即拿着维修备用零件修好出现故障的机器。

但是，从客户的角度来看，又会出现尚未察觉到机器有什么异常，却有维修服务人员突然联系说要来维修的情况。

对此，与以往的故障对策不同，天田公司会预先告知客户"这里需要重点关注""如果出现这种现象，请在机器停机前联系我们"。

从"不停机"到"持续生产"

AMDAS 也会使用加工用的控制程序及客户的生产计划等数据。当出现某种迹象的时候，有些客户会觉得没什么大问题，而有的客户想尽快采取措施。这些是受客户的生产计划和加工内容左右的。

天田公司对客户的服务以"机器不停机"为基础，致力于"有计划地维修""尽量保障按照预先的计划持续生产优质产品""不出次品"（图 14-8）。"对于客户来说，最重要的是确确实实地生产产品"（大贯正明），而机器不停机只是其手段而已。

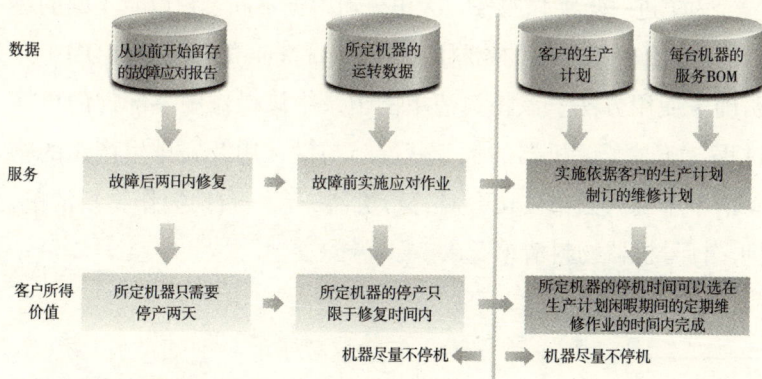

图 14-8　使用数据进行维修的思考方法

对于客户来说，重要的不是机器本身在运行，而是钣金零件能够按照计划保质、保量地完成生产。

机床使用后的第 2 年、第 4 年是集中更换众多零部件的时期，天田在这一时期设定了定期的维护检查。但是，具体什么地方必须维修或者更换，要根据客户的运行情况而定。也就是说，最适合的维护检查的日程及内容不能一概而论，每个客户都有不同的要求。

以生产计划和加工内容的信息为基础，能为每个客户确立最合适的维护检查计划[①]。这样的话，就能够通过定期检查提前处理预测到的故障。而且，根据不同客户确定维修预算，还能减少意外需要支付修理费用的情况发生。

此外，还可以考虑检验客户的加工程序，向客户提供确保产品质量的服务。产品没有按照预想被制造出来，或者难以确保精确度，有的是由于机床故障，有的是因为加工程序不合理。程序是客户制定的，天田公司提供为客户接管加工数据的服务，今后接受这种服务的客户还会继续增加[②]。那样的话，程序与开工数据之间的对接就会变得更容易。

为了进一步加强服务，天田公司根据不同客户以及不同的运转机器制作了服务用的物料清单（Bill of Materials，简称BOM）并明确了使用方法。该物料清单能记录维修操作中零部件的更换过程，随时了解机器的最新状况。与设计用及安排生产用的物料清单不同，天田公司会对每台机器一台一台地制作物料清单，即"标号机器物料清单"。

[①] 作为 AMDAS 的服务，针对一部分客户，天田已经开始了提供最佳维修检查日程的提案服务。在这里，对客户的生产计划、年度运转预测、加工程序等的分析是很重要的。

[②] 2011 年 3 月东日本大地震时，在天田的服务器中保存了数据的几家企业客户虽然失去了自身的数据，但很快就恢复了生产。

　　大贯正明认为"天田有各种计划想实施，现在只是开展了其中一小部分"。

案例④：日产汽车

▶ **共享数据，提高汽车使用的便利性**

　　电动汽车（EV）"聆风（LEAF）"配备了通信专用终端"TCU（Telematics Communication Unit）"，收集到的数据会发送到"日产CAR WINGS 数据中心"①。为了提高客户使用的便利性，日产汽车正在灵活运用这些数据。

　　发送的数据包括行驶位置、行驶速度、剩余电量、充电记录等。以往，这些数据只会反馈给客户，即驾驶员本人。但此后，日产汽车从积累的众多驾驶员信息中提炼了经验数据供驾驶员共享，还通过向保险公司传递数据，尝试向驾驶员提供高附加价值的新服务。

　　其他人是怎么开车的?

　　日产聆风原本就拥有完善的反馈驱动耗电量的机制。除了可以在显示行车记录的同时显示平均电效（单位耗电量所行驶的平均距离）之外，电动汽车削减的二氧化碳排放量还能以"环保树"的数量形式显示出来，促进驾驶员提高安全环保意

―――――――――

　　① 仅限日产汽车信息服务"CAR WINGS"的签约客户使用。

识。而且，汇总众多驾驶员的信息之后，还能向驾驶员反馈电效排名信息以及全体驾驶员的"环保树"合计数量等。

在此基础上，从 2012 年 7 月开始，聆风推出了"大家的耗电量"的构想（图 14-9）。以其他驾驶员的实际数据为基础，显示从一个地点到另一个地点（例如从神奈川县横滨市到该县箱根町）所消耗电能的最大值、最小值和平均值。

图 14-9 "大家的耗电量"界面
基于其他驾驶员的实际信息，显示需要消耗多少电力能达到目的地。

这是从全体驾驶员的行车记录中，分别选取的出发地、目的地 5 公里以内的数据。也提供途中在充电站充电时的信息。驾驶员可以掌握电池是否足够支撑驱动、途中可以去哪里充电等信息，所以即使长距离驾驶，也不会感到不安。

充电站的信息也可以从全体驾驶员的行驶记录中获得。新的充电站建成时，只要有驾驶员使用，数据中心就会收到信息。如果只有一个人使用的话，也许是个人专用的设备，但如果有多个人使用的话，则是新设置的充电站的可能性很高。日产汽车的负责人会通过电话等方式调查确认，将其加入向驾驶员提供的信息中。这些信息经由互联网公开，可通过个人电脑检索

（图 14-10）。

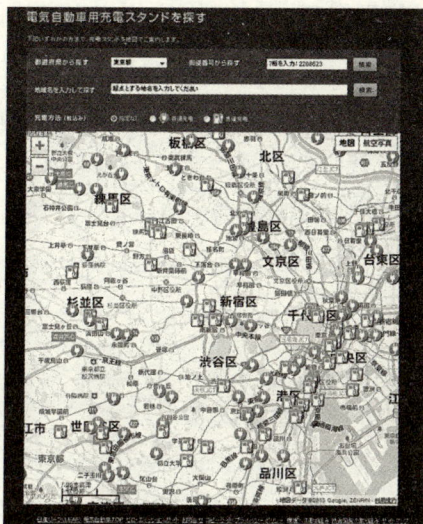

图 14-10　充电站的检索画面
根据行驶中各车辆的充电情况数据，获取新建的充电站信息。

保险费与行驶距离挂钩

提供电费等信息服务的主要目的是平复驾驶员的不安。当然，"日产汽车也希望使用数据创造新的价值"（日产汽车零排放企划本部 EV 业务经理助理山下淳）。例如，2013 年 7 月，日产汽车推出了提供损害保险日本公司的个人汽车综合保险"DRIVE-LOG"服务。这项服务通过日产汽车向损害保险日本公司提供数据来实现。

DRIVE-LOG 中包括"计算保险费的特别约定（行驶距离反映型）"和"被盗时赔偿费用特别约定"。前者是按照行驶距离等相应增减保险费的约定。一般来说，行驶距离短的话事故发生率低，保费可以降低些。具体来说，用于通勤或上学的，年行驶距离不超过 4400 km 的汽车可享 10% 的折扣，7000 km 可享 5% 的折扣，如果高于 10000 km 则将相应增加保险费（最多 10%）[①]。

损害保险日本公司将驾驶员的行驶业绩反馈作为服务的一环，制作了显示驾驶时的"环保程度"及急加速、急减速次数的 Web 页面，供驾驶员浏览（图 14-11）。同时，损害保险日本公司也通过这些举措促进了更加安全且更环保的驾驶方式[②]。

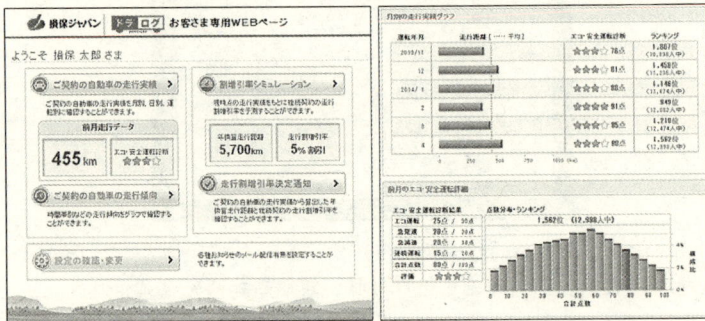

图 14-11　损害保险日本公司的 DRIVE-LOG 的 Web 页面
向驾驶员反馈驾驶情况，督促其安全驾驶。以上为 Web 页面开发阶段的示意图。

"被盗时赔偿费用特别约定"要求驾驶员支付被盗时寻找汽车以及送回时所产生的费用。因为被盗后能够根据汽车所在地等数据进行追踪，所以汽车在无损害状态下被发现的概率比较

①　增减反映到 DRIVE-LOG 续保（第 2 年之后）时的保险费中。最初签约的保险费不根据行驶距离增减。

②　损害保险日本公司也讨论过将急加速和急减速的情况反馈到汽车保险费优惠率中，但由于在郊外生活的人比城里的客户在条件上更有利，还需要推敲细则，因此目前还没有实施。

高。这项特别约定的一年保费约为 500 日元，很便宜。如果不能根据数据追踪的话，一般来说，花几千日元也很难找到。

每天提供一次数据

日产聆风启动时会向日产 CAR WINGS 数据中心输送数据。数据包括从上一次启动到关闭电源为止的所有存储数据，频率是每隔几秒钟存储一次。无法通信时，下次启动会将这两次数据一起发送出去。

每天，日产汽车都会向损害保险日本公司提供一次数据，一般是将前一天的数据打包发送。数据包括行驶距离、加速减速等信息，日产汽车仅将获取数据中的一部分提供给 DRIVE-LOG。而位置信息只在车辆被盗时提供。

为了进一步活用聆风获取的数据，日产汽车考虑运用包括电动汽车在内的住宅电力优化系统，用以掌握正在运行中的电动汽车电池的余量，判断充电时间，或是利用电动汽车的电池给家里供电。例如，平成二十四年（2012 年），仙台市的节能示范城项目推进事业部（田子西地区）就采取了日产汽车的数据中心和 NTT DOCOMO 公司之间交换聆风充电记录等数据的举措。

"精益制造" 专家委员会

齐二石　天津大学教授（首席专家）

郑　力　清华大学教授（首席专家）

李从东　暨南大学教授（首席专家）

江志斌　上海交通大学教授（首席专家）

关田铁洪（日本）　原日本能率协会技术部部长（首席专家）

蒋维豪（中国台湾）　益友会专家委员会首席专家（首席专家）

李兆华（中国台湾）　知名丰田生产方式专家

鲁建厦　浙江工业大学教授

张顺堂　山东工商大学教授

许映秋　东南大学教授

张新敏　沈阳工业大学教授

蒋国璋　武汉科技大学教授

张绪柱　山东大学教授

李新凯　中国机械工程学会工业工程专业委会委员

屈　挺　暨南大学教授

肖　燕　重庆理工大学副教授

郭洪飞　暨南大学副教授

毛少华　广汽丰田汽车有限公司部长

金　光　广州汽车集团商贸有限公司高级主任

姜顺龙　中国商用飞机责任有限公司高级工程师

张文进　益友会上海分会会长、奥托立夫精益学院院长

邓红星　工场物流与供应链专家

高金华　益友会湖北分会首席专家、企网联合创始人

葛仙红　益友会宁波分会副会长、博格华纳精益学院院长

赵　勇　益友会胶东分会副会长、派克汉尼芬价值流经理

金　鸣　益友会副会长、上海大众动力总成有限公司高级经理

唐雪萍　益友会苏州分会会长、宜家工业精益专家

康　晓　施耐德电气精益智能制造专家

缪　武　益友会上海分会副会长、益友会/质友会会长

东方出版社

广州标杆精益企业管理有限公司

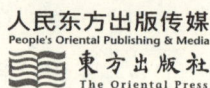

標杆精益®
BENCHMARK LEAN

人民东方出版传媒
People's Oriental Publishing & Media
东方出版社
The Oriental Press

东方出版社助力中国制造业升级

定价：28.00 元

定价：32.00 元

定价：32.00 元

定价：32.00 元

定价：32.00 元

定价：32.00 元

定价：30.00 元

定价：30.00 元

定价：32.00 元

定价：28.00 元

定价：28.00元

定价：36.00元

定价：30.00元

定价：32.00元

定价：32.00元

定价：32.00元

定价：38.00元

定价：26.00元

定价：36.00元

定价：22.00元

定价：32.00 元

定价：36.00 元

定价：36.00 元

定价：36.00 元

定价：38.00 元

定价：28.00 元

定价：38.00 元

定价：36.00 元

定价：38.00 元

定价：36.00 元

定价: 36.00 元

定价: 46.00 元

定价: 38.00 元

定价: 42.00 元

定价: 49.80 元

定价: 38.00 元

定价: 38.00 元

定价: 38.00 元

定价: 45.00 元

定价: 52.00 元

定价：42.00 元

定价：42.00 元

定价：48.00 元

定价：58.00 元

定价：48.00 元

定价：58.00 元

定价：58.00 元

定价：42.00 元